David Kaufmann

Die Attributenlehre des Saadja Alfajjumi

David Kaufmann

Die Attributenlehre des Saadja Alfajjumi

ISBN/EAN: 9783743314177

Hergestellt in Europa, USA, Kanada, Australien, Japan

Cover: Foto ©Thomas Meinert / pixelio.de

Manufactured and distributed by brebook publishing software (www.brebook.com)

David Kaufmann

Die Attributenlehre des Saadja Alfajjumi

DIE
ATTRIBUTENLEHRE
DES
SAADJA ALFAJJUMI.

INAUGURAL-DISSERTATION

DER

PHILOSOPHISCHEN FAKULTÄT DER UNIVERSITÄT LEIPZIG

ZUR ERLANGUNG DER PHILOSOPHISCHEN DOKTORWÜRDE

EINGEREICHT VON

DAVID KAUFMANN.

DRUCK VON FRIEDRICH ANDREAS PERTHES IN GOTHA.
1875.

Alle Erkenntniss entspringt nach Saadja[1]) aus drei Quellen[2]): 1. der sinnlichen Wahrnehmung; 2. der natür-

---

[1]) Emunoth we-Dēoth f. 4b der Einleitung in der nichtpaginirten Ausgabe Berlin 1789 (= B); S. 8 der Leipziger Ausgabe 1859, nach der hier citirt wird.

[2]) Welchen Werth für ein wahrhaft philologisches Verständniss unseres Saadja-Textes die Herausgabe auch nur eines so fehlerhaften Originals, wie die Oxforder Handschrift es enthält, immer noch haben würde, kann ein Wort unserer Stelle beweisen. Es heisst da in der Tibbon'schen Uebersetzung: צריך שנדבר הנה על משכי האמת (a. a. O.). Was bedeutet nun משכי? Fürst in seiner Uebersetzung des Emunot we-Dēot S. 21 übersetzt: „Erkennungszüge der Wahrheit". Dr. J. Freudenthal in Breslau hat mir für diese, wie für manche andere Stelle die Vergleichung des Originals ermöglicht, das hier folgendermassen lautet: واذ قد انقضى مما اردنا الحاتم بالقول الاول فينبغى ان نذكر مواد الحق ومعطيات اليقين التى هى معدن لكل معلوم وينبوع لكل مدרך (معروف l.) ونتكلم عليها بمقدار ما يوافق قول صدر هذا الكتاب ونقول انها ج' مواد الا' علم الشاهد والبا' علم العقل والج' ما دفعت الضرورة اليه

Unserem משכי entspricht das Wort مواد, das als Plural von مادة Materien bedeutet. Da das hebräische משך dem arabischen مَلّ entspricht und Ps. 126, 6 als Substantivum vorkommt, glaubte es der Uebersetzer zur bezeichnenden Wiedergabe des Originals benützen zu können. Vgl. auch S. 39 und 88, wo das Wort im gleichen Sinne vorkommt. In gleicher Bedeutung findet sich dieses Wort in der dem Sadaja zugeschriebenen בקשה des Romagna-Rituals (Orient 1851, S. 488), wo es heisst: ומשך החכמה אתה, der Urstoff der Weisheit bist, Gott, du. Auch Gabirol sagt in der „Königskrone": למשוך משך היש מן האין, „Die Materie des Seins aus dem Nichts zu ziehen", nicht „den Faden", wie Sachs (Die religiöse Poesie der Juden in Spanien, S. 6) übersetzt. Als Materien aller Erkenntniss konnten diese drei darum bezeichnet werden, weil aus ihnen, wie aus dem Stoffe die Welt der Erscheinungen, alle unsere Begriffe hervorgehen. Diese Erkenntniss-

lichen³) Einsicht unseres Verstandes; 3. der logischen Nothwendigkeit. Wenn wir zu wahren Aussagen über irgend einen Gegenstand gelangen wollen, werden wir zu prüfen haben, was uns diese drei Erkenntnissquellen darüber bieten. In der Frage nach dem Dasein und den Eigenschaften Gottes sehen wir auf die dritte Quelle allein⁴) uns angewiesen. Um das Unbekannte zu finden, bleibt nur die Möglichkeit übrig, vom Bekannten auszugehen. Die Beweise für das Dasein Gottes und die Aussagen über seine Eigenschaften erheben sich daher stets nur auf der Grundlage, welche die denkende Betrachtung der Welt uns bietet.

---

quellen werden nicht von Allen anerkannt, wohl aber erkennt das Judenthum sie und noch eine vierte an. واما نحن جماعة الموحّدين فنصدق بهذه ج مواد التى للعلم ونضيف اليها مادة رابعة استخرجناها بالثلث نصارت لنا اصلا وهى صحة الخبر الصادق فانه مبنى على (يع) علم الحسّ وعلم العقل..(؟).. كما سنبين فى المقالة الج من هذا الكتاب. Da jedoch für die Aussagen dieser vierten Erkenntnissquelle, d. i. der wahren Aussage oder Tradition — nach Schmölders (Essai sur les écoles philosophiques chez les Arabes, p. 140, Anm. 1) bezeichnen die Mutakallimun mit خبر Koran und Tradition — die Bewahrheitung aus den anderen Quellen erst geschafft werden muss, so kommt sie hier nicht in Betracht.

3) Sowohl der Ausdruck, als auch die zu seiner Erläuterung von Saadja angeführten Beispiele lassen keinen Zweifel darüber zu, dass wir unter dieser Quelle die natürlichen Voraussetzungen unseres Denkens, die angeborenen Verstandesbegriffe zu verstehen haben. Vgl. übrigens die übereinstimmende Aufzählung unserer Erkenntnissquellen bei den lauteren Brüdern in Dieterici's Lehre von der Weltseele bei den Arabern im 10. Jahrhundert, S. 38.

4) Die Thatsache verdient hervorgehoben zu werden, dass die jüdischen Religionsphilosophen die Beweise für das Dasein Gottes aus dem consensus gentium und dem Vorhandensein der Gottesidee in jedem Menschen, als eines angeborenen Begriffes (Reinhards Vorlesungen über die Dogmatik ed. Schiott, 4. Aufl., S. 92) oder einer inneren Offenbarung (Hagenbach, Lehrbuch der Dogmengeschichte, 5. Aufl., S. 356), nicht anführen. In der christlichen Theologie haben diese Beweise grosse Verbreitung gefunden (Strauss, Christliche Glaubenslehre, Thl. I, S. 375; Bretschneider, Handbuch der Dogmatik, Thl. I, S. 452) und auch im Islam ist die Annahme von einer natürlichen Erkenntniss, welche in der Anlage aller Creatur liegt, dass Gott sei, ein allgemein anerkanntes Dogma, vgl. Dieterici a. a. O. S. 39 und Krehl, Berichte der Kön. sächs. Gesellschaft der Wissensch. Phil. hist. Cl., Bd. XXII, S. 98.

Von den bekannten Beweisen für das Dasein Gottes führt Saadja den an, den wir den kosmologischen[5]) nennen. Er behandelt ihn im ersten Abschnitt (S. 20—26) in aus-

---

[5]) Die Darstellung dieses Beweises kann hier nicht gegeben werden, daher nur Einiges über Charakter und Quelle desselben. Es scheint sich aus ihm zu ergeben, dass Saadja von der Lehre der Mutakallimun das angenommen habe, was seinem Gottesbegriffe leicht konnte angepasst werden. Darum sehen wir gerade denjenigen Beweis für das Dasein eines Schöpfers, dem der Kalâm einen ganz besonderen Vorzug eingeräumt hatte, den der Determination وهى طريق التخصيص هذه الطريقة يوثرونها جدا جدا (Munk, Le Guide des Égarés par Moïse ben Maimoun, T. I, p. 426; 119b des Textes), weil er bei Allem und Jedem Gott als beschäftigt darstellte, bei Saadja fehlen. Von den anderen bei Maimuni angeführten kalamistischen Beweisen (ebend. c. 74) entspricht der dritte dem zweiten bei Saadja (ed. Berlin I, 1), der vierte unserem dritten, welche beide erst durch die Vergleichung mit jenen das rechte Licht erhalten. Der erste Beweis des Saadja, der aus der Begrenztheit der Welt und der ihr deswegen zukommenden zeitlichen Dauerkraft auf ihr nothwendiges Geschaffensein schliesst, enthält nur eine andere Form des zweiten Beweises bei Maimuni, doch kann dies hier nicht näher gezeigt werden. Vgl. meine Theologie des Bachja ibn Pakuda, S. 42, 1. Es ist also doch mehr als ein „geringes Weniges" النزر اليسير (Munk a. a. O. S. 94a) in Saadja vom Kalâm zu finden, mehr, als Maimuni in ihm finden wollte, wenn mit גאורים אל לבעץ wirklich Saadja gemeint ist, wie Munk (336, 1) annimmt. Vom vierten Beweise sagt Schmiedl (Studien über jüdische, insonders jüdisch-arabische Religionsphilosophie, S. 100), der die unbeweisbare Behauptung aufstellt, es trete bei Saadja für die Schöpfung des Nichts „der von der Undenkbarkeit einer unendlichen Grösse hergeleitete Beweis in den Vordergrund", wie wir sehen werden, mit ebensowenig Recht: „Das letzte von dem Zeitbegriff hergeholte Argument ist nicht nur äusserst dunkel ausgedrückt, sondern steht auch im Widerspruch zu einer von den Hauptprämissen der Mutakallimun." Er meint nemlich im Saadja die Behauptung einer unendlichen Theilbarkeit der Zeit zu finden, welche die Mutakallimun allerdings verwarfen, vgl. Munk, Bd. I, S. 380. Wir denken uns den Beweis folgendermassen: Ewigkeit der Welt setzt Ewigkeit der Zeit voraus. Durchmessen wir nun von einem bestimmten Punkte der Gegenwart, den es eigentlich strenggenommen nicht giebt (vgl. Munk, Bd. I, S. 375, Anm. 5), im Gedanken rückwärtsschreitend die Vergangenheit, so vermöchten wir dies nicht, da das Unendliche, hier Anfangslose unbegreiflich ist. Die Existenz hat aber die Vergangenheit in der That durchmessen, da sie bis zu uns, die wir doch in der That sind, gelangt ist. Es muss also die Zeit endlich sein, oder die Prämisse von der Ewigkeit der Welt ist falsch. Schärfer ausgedrückt würde der Beweis so lauten: Die Ewigkeit der Welt annehmend, könnten wir unmöglich im Gedanken bis zu uns selbst gelangen, die Existenz ist aber bis zu uns in der That gelangt, es muss also die Welt einen Anfang haben. Wiewohl wir für diesen Beweis vergeblich bei Maimuni ein Analogon suchen, so kann man ihn doch füglich einen kalamistischen nennen. Was ist die Grundlage, die stillschweigende Voraussetzung dieses Beweises? Nur was sich denken lässt,

führlicher und gründlicher Weise. Ehe er daran gehen konnte, die Bestimmungen seines Gottesbegriffs, seine Eigenschaften klarzulegen, zu denen sein Beweis ihn hinführte (vgl. Pfleiderer, Die Religion I, 279), war es nöthig, diesen Begriff gegen alle Widerlegung und Anfechtung

kann sein, war sich nicht denken lässt, kann nicht sein. Das war aber eine Grundlehre des Kalâm. وهم ايضا فى مواضع كثيرة يتبعون الخيال ويسمونه عقلا sagt Maimuni (Munk, Bd. I, S. 346. 95b) von den Mutakallimun und an einer anderen Stelle (a. a. O., S. 404. 113b): فقد تبين ان المتخيل عندهم ممكن يطابقه الوجود او لم يطابقه وكل ما لا يتخيل فهو الممتنع. Saadja berichtet auch von einem Einwande, der dagegen erhoben wurde. Er sagt: „Ich hörte (S. 23: והגידני) von einem Ungläubigen, der einem Gläubigen begegnete und wider diesen Beweis (von der nothwendigen Endlichkeit oder Geschaffenheit der Welt) eine Einwendung machte." Ihr Gedankengang ist zwar nur sehr knapp angegeben, aber vollständig erkennbar. Ist, so argumentirte der Gegner, dir auch nur das Durchmessen einer endlichen Raumstrecke klar und verständlich? Können wir es uns doch, die unendliche Theilbarkeit des Raumes vorausgesetzt, ebensowenig denken, wie es möglich sei, ein Stück Weges zurückzulegen — Zeno hatte aus diesem Grunde die Bewegung geläugnet —, und doch legen wir in der That den Weg zurück. Es kann also darum immer noch die Welt ewig sein, wenn wir es uns auch nicht vorstellen können, wie sie bis zu uns gelangt ist. Das aber, meint Saadja, ist kein Einwand, denn die unendliche Theilbarkeit des Raumes lässt sich allerdings denken, nicht aber in der That ausführen, die Welt aber soll nach der eben bestrittenen Behauptung ewig, d. h. unendlich nicht etwa bloss im Gedanken, sondern in Wirklichkeit sein und das führt eben zu einer Unmöglichkeit, während bei der behaupteten Unbegreiflichkeit der Bewegung im Raume zugegeben wurde, dass ja der Raum in Wirklichkeit nicht unendlich theilbar ist. Die Fürst'sche Uebersetzung (60—61) lässt an dieser Stelle den Gedanken nicht klar genug erkennen. Die Auffassung, die wir hier gegeben haben, ist durchaus im Texte zu finden, wenn man die scheinbar zusammenhangslosen Sätze nur genau als Glieder einer ganz folgerichtigen Gedankenreihe betrachtet. Es ist somit auch dieser Beweis des Saadja „weder äusserst dunkel ausgedrückt", noch „im Widerspruch zu einer von den Hauptprämissen der Mutakalliman" und erfordert gar nicht die „kleine Emendation", die Schmiedl (a. a. O. S. 100) nicht näher bezeichnet, die aber nach dem im Texte gar nicht aufzufindenden Beweisgang, den Schmiedl mit Hülfe derselben darin findet, eine sehr bedeutende und willkührliche sein muss. Wenn die Beweise bei Saadja nicht in der tiefspeculativen Weise ausgeführt sind, in der wir sie in der Anführung bei Maimuni antreffen, so darf man kaum daraus voreilige Schlüsse auf Saadja's primitives Denken ziehen, da er ja ausdrücklich in der Vorrede es als seine feste Absicht erklärt, ein populäres Buch schreiben zu wollen, das leichtfasslich und schnellverständlich sein sollte (S. 1). Nicht darauf hin, ob sie auch für uns bündig und beweiskräftig sind, haben wir diese Beweise zu prüfen, sondern allein darum handelt es sich, dass wir sie darstellen, wie der Urheber sich sie dachte. Ungerecht

sicherzustellen. Darum schickt er dem Abschnitt (II) von den göttlichen Eigenschaften die Einleitung voraus (S. 46 bis 49), in der er den Zweck und Angelpunkt des ganzen Werkes zu befestigen sich alle Mühe giebt.

Besonders zwei Einwände scheinen in der Zeit des Saadja gegen diesen Beweis in Umlauf gewesen zu sein. So weit sich dies aus ihrer Widerlegung erkennen lässt, dürften sie Folgendes besagt haben. Allerdings, so lautet der eine Einwand, können wir bei jeder Wirkung nach der Ursache, also auch bei der Schöpfung nach ihrer ersten Ursache, dem Schöpfer fragen, wir müssen aber in unserer Folgerung von der Analogie des Vorhandenen, Bekannten uns leiten lassen. So weit wir bei allen natürlichen Vorgängen die Ursachen ermitteln können, erscheinen sie uns in der Form eines sinnenfälligen Trägers, wir haben daher in der Frage nach der ersten Ursache kein Recht, auf eine übersinnliche zu folgern. Der zweite Einwand bestreitet es, dass überhaupt unser Denken bei einem „letzten Intelligiblen", einer ersten Ursache stehen bleiben könne, weil immer von Neuem die Frage sich erheben müsse: was ist die Ursache dieser Ursache? und so fort ins Unendliche. Modern ausgedrückt würde also dieser Einwand lauten: Es lässt sich schlechterdings nicht einsehen, warum die unendliche Ursachenreihe bei einem bestimmten Gliede sollte abgebrochen werden, der regressus in infinitum [6]) unmöglich sein?

Man begreift leicht, wie viel dem Saadja daran gelegen sein musste, jeden Schein von Berechtigung den Einwänden zu nehmen, die Gott, dessen Attribute er eben behandeln will, völlig in Frage stellen. Es wird sich

---

wäre es aber, wenn wir dem Manne, der am Eingang der jüdischen Religionsphilosophie steht, einen Vorwurf daraus machen wollten, dass er in dem Formalismus befangen war, über den die arabische Theologie niemals hinausgekommen ist.

6) Nach Schmiedl (Studien, S. 98, Anm. 1) hätte dieser Lehrsatz „das ganze Mittelalter hindurch als eine unerschütterliche philosophische Grundsäule" gegolten. Wir sehen, dass schon Saadja gegen die Erschütterung desselben anzukämpfen hatte.

also darum handeln, nachzuweisen, dass man bei einer stofflichen Ursache der Welt unmöglich stehen bleiben und eine endlose Reihe von Ursachen durchaus nicht denken könne.

Scharf ausgesprochen finden wir den ersten Einwand im Eingang zu I, 3 (S. 24, Z. 4 v. u.), wir setzen die Stelle hierher [7]: „Wenn mir jemand einwendet: Du hast einen Schöpfer für die Dinge offenbar darum angenommen, weil du in der Sinnenwelt kein Geschaffenes ohne Schöpfer, nichts Gewirktes ohne Wirkendes gesehen hast. Nun hast du aber auch in der Sinnenwelt immer nur ein Ding aus einem anderen Ding entstehen sehen, wie hast du also gerade das zu deinem Beweise nehmen können, dass es kein Gewirktes ohne ein Wirkendes, und nicht vielmehr das, dass ein Ding nur aus einem anderen Ding entstehen könne, wo doch (beide Beweise) gleich reell sind?" Saadja hatte bewiesen, dass die Welt nothwendig geschaffen sei und, da hierbei noch die doppelte Möglichkeit bleibt, dass die Welt entweder aus einem anderen Stoffe entstanden oder von einem Schöpfer geschaffen sein kann, diesen Beweis dahin weitergeführt, dass sie von einem ausser ihr seienden Schöpfer, und zwar aus Nichts geschaffen sei. Allerdings, so widerlegt er den dagegen erhobenen Einwand, finden sich in der Natur Anhaltspunkte sowohl für die Annahme eines Schöpfers für jedes Geschaffene, wie für die eines Dings, d. h. einer stofflichen Ursache für ein anderes Ding. In der Frage nun nach der Schöpfung aus Nichts konnte von der letzteren Thatsache kein Gebrauch gemacht werden, denn darum handelt es sich ja eben, ob es auch ein Ding geben könne, das aus Nichts hervorging, es konnte also zur Entscheidung der Frage nur die erstere Thatsache verwerthet werden, dass alles Geschaffene einen Schöpfer voraussetze. Saadja drückt

---

7) Nur da, wo ich mich genöthigt sah, von der Fürst'schen Uebersetzung abzugehen, habe ich meine eigene Uebersetzung gegeben. Die Irrthümer der ersteren werden, ohne erst besonders nachgewiesen werden zu müssen, durch einen Vergleich beider sofort in die Augen fallen.

dies so aus: „Ob ein Ding aus Nichts oder nur aus einem Ding werden könne, das ist eben Gegenstand der Untersuchung, für den ich Beweise zu erlangen suchte. Nun kann aber die fragliche Thatsache, die zu bezeugen man sich eben abmüht, unmöglich nach einer der beiden Seiten [der Untersuchung] hin als Zeugniss eintreten, vielmehr muss man eine andere Thatsache als Zeugniss beibringen. Da nun aber die Thatsache: Es giebt kein Gewirktes ohne ein Wirkendes nach der Seite unserer Untersuchung hin, die wir eben bewahrheiten wollen, ein solches [Zeugniss] enthält, so habe ich sie zum Beweis genommen und beweisen lassen, dass es auch ein Etwas aus Nichts geben könne, wiewohl ich Dinge fand, von denen dies (nemlich die andere Thatsache, dass immer ein Ding nur aus einem anderen Ding werde) gilt." Doch will Saadja darauf, weil es zu subtil für sein Buch sei, nicht weiter eingehen.

Diese Widerlegung gilt nur für folgende Form des Beweises: Jedes Ding in der Welt hat einen Schöpfer, also muss auch die Welt einen haben. Nun giebt es aber auch eine andere Form dieses Beweises, die sogar in den Kreisen der Mutakallimun die gewöhnlichere gewesen zu sein scheint (Munk, Guide, T. I, c. 74 II; p. 422). In dieser wurde von jedem beliebigen Ding in der Welt durch eine Causalitätsreihe, die ja nicht unendlich sein durfte, bis auf Gott zurückgeschlossen. Gegen diese Beweisform konnte immer noch der Einwand erhoben werden: Wir sehen immer nur ein Ding aus einem andern Ding entstehen, es kann also gefolgert werden, dass die Ursache, die als letzte aufgestellt wird, ein sinnliches Ding sei. Es galt also für Saadja jetzt [8]), die Voraussetzung zu er-

---

8) Der Zusammenhang zwischen der Auseinandersetzung S. 24—25 im ersten und dem Eingange des zweiten Abschnitts, der hier nur als Vermuthung hingestellt sein mag, setzt die beiden Abschnitte in eine innige Beziehung und lässt den Anfang des zweiten als Wiederaufnahme und endgültige Erledigung eines im ersten Abschnitt nur unvollständig behandelten Gegenstandes erscheinen. Aber auch aus einem inneren Grunde scheint dieser Zusammenhang angenommen werden zu müssen, weil ja in der ersteren Stelle der Einwand der Gegner von dem Hervorgehen eines Dinges aus dem anderen nicht mehr für die Anfangslosigkeit der Welt

schüttern und zu zeigen, dass selbst in der Sinnenwelt die Reihe der Ursachen durchaus nicht lauter „Dinge", d. h. stoffliche Träger, aufweise.

Wir können, meint Saadja, die Wahrnehmung machen, dass die Ursache eines Dings immer dünner, d. h. weniger dicht sei als das Ding selber und die Ursache dieser Ursache wiederum dünner als diese, so dass in einer Kette von Ursachen, die wir für ein Ding erkennen können, die zunächst höhere immer eine dünnere darstellt. Der Schnee z. B. fällt in Form eines festen Körpers aus dem Luftraum. Fragen wir nach seiner Ursache, so finden wir das Wasser, das Wasser aber ist durch die Dünste in die oberen Luftregionen gehoben worden, aber auch die Dünste müssen eine Ursache haben, durch die sie aufgestiegen sind, die ebenfalls dünner sein wird als sie selbst und so fort. Man sieht also, wie die Körperlichkeit, die sinnliche Wahrnehmbarkeit in den höheren Gliedern einer Ursachenkette immer mehr abnimmt; für das Endglied der Kette also noch sinnenfällige Stofflichkeit fordern, heisst die Ordnung und Gesetzmässigkeit aller Erkenntniss verkehren. Es sei überhaupt in aller Forschung eine Regel, dass die Resultate unseres Nachdenkens, je weiter wir dasselbe fortsetzen, sich immer subtiler gestalten und immer mehr von der sinnlichen Wurzel unserer Erkenntniss, der äusseren Wahrnehmung sich entfernen. Betrachten wir z. B. einen beliebigen Körper, so werden wir die blosse Wahrnehmung desselben noch mit den Thieren theilen, welche die gleichen Sinne haben wie wir, bei fortgesetzter denkender Betrachtung desselben werden wir aber zunächst die Accidenzen, dann die Quantität, den Raum, die Zeit aus ihm

---

etwas kann beweisen wollen, denn um diese, die bereits abgewiesen wurde, handelt es sich dort nicht mehr, also nicht sowohl das zeitliche Nacheinander als vielmehr das stoffliche Auseinander der Dinge zu betonen die Absicht haben muss. Es scheint übrigens in diesem Einwande etwas wie ein Ansatz oder eine Vorstufe zu der Widerlegung des kosmologischen Beweises zu liegen, die später von Locke und Kant ausgeführt wurde, wornach die aus der Sinnenwelt abgeleitete Analogie nicht über die Sinnenwelt hinaus zu einem Uebersinnlichen führen darf, vgl. Strauss a. a. O., Bd. 1, S. 381.

erkennen und so endlich zu einem Allersubtilsten gelangen, wiewohl wir von dem Grobsinnlichen, das auch die Thiere wahrnehmen, ausgegangen sind. Es galt nun noch, den Einwand zurückzuweisen, der überhaupt uns das Recht bestreitet, bei einem „letzten Erkennbaren", einer ersten Ursache stehen zu bleiben und immer wieder die Frage erhebt: „Was kommt dann?", „vielleicht giebt es dahinter noch ein anderes Erkennbares, an das kein menschlicher Gedanke, oder selbst das gesammte menschliche Denken nicht hinanreicht" (ed. Berlin 23 b; S. 49). Die Voraussetzung dieses Einwandes ist: Es giebt eine unendliche Reihe, ist diese erschüttert, dann fällt der Einwand von selbst.

Unser Denken, meint nun Saadja, muss in der Auffindung des Erkennbaren nothwendig bei einem Letzten ankommen, die Frage also, ob es nach diesem nicht noch ein höheres Erkennbares geben könne, verstösst in ihrer Voraussetzung von der Möglichkeit einer unendlichen Reihe immer höherer Begriffe gegen ein Grundgesetz des menschlichen Denkens. Dass aber unser Denken bei einem letzten Erkennbaren anlangen muss, hat nach Saadja drei Ursachen (B. 22; S. 47). Erstens: In einem endlichen Körper kann keine unendliche Kraft wohnen (B. 2 b; S. 20). Die Welt, die sich uns endlich darstellt, kann darum keine unendliche Dauerkraft haben (das.). Ebenso muss unser Erkenntnissvermögen, als Kraft unseres endlichen Leibes, endlich sein, nicht im Stande, immer höhere Begriffe bis ins Unendliche zu bilden. Zweitens: Das Begreifen beruht darauf, dass das Begriffene vom Verstande umfasst wird. Beim Unendlichen ist aber ein Umfassen nicht möglich. Drittens: Alle unsere Kenntnisse sind aus endlicher Wurzel hervorgewachsen, aus den Wahrnehmungen der Sinne. Endlich, wie es doch unbestritten die Sinne sind, müssen daher auch unsere Kenntnisse sein. Die Thatsache von der sinnlichen Wurzel unserer Erkenntniss benutzt Saadja, um noch in schärferer Weise die Unhaltbarkeit des Einwandes, es könne nach Gott noch ein höheres Erkennbares geben, nachzuweisen. Alle unsere Erfahrungen [9]), sagt er (B. 24; S. 49), kommen durch leibliche Vermittelung, d. h. durch die Sinne zu Stande, die Vernunft erzeugt durch deren Verbindung neue Resultate, die sinnlich nicht wahrzunehmen sind. Ist aber die Vernunft bereits zu einem Begriffe gelangt, der nicht allein alle Körperlichkeit abgelegt hat, sondern sogar des körperlichen Trägers nothwendig entbehrt [10]), so ist sie damit an die Grenze des Erkennbaren gelangt, und nur die Unvernunft kann fragen, ob es nicht noch ein höheres Erkennbares gebe [11]).

Wir werden es nunmehr begreiflich finden, warum Saadja an die Spitze des zweiten Abschnitts oder des Einheitsbekenntnisses folgende sechs Behauptungen glaubte stellen zu müssen. „Ich will", sagt er, „diesen Abschnitt mit dem Folgenden einleiten: 1. Die Anfangspunkte unserer Kenntnisse sind concret, ihre Endpunkte subtil. 2. Diese langen bei einem letzten Erkennbaren an, nach dem es weiter kein Erkennbares giebt. 3. Der Mensch steigt in seinen Erkenntnissen von Stufe zu Stufe, Begriff zu Begriff, und jede Stufe, die er ersteigt, ist nothwendig subtiler als die ihr vorangehende Stufe, so dass die letzte (oberste) Stufe die subtilste aller Erkenntnisse darstellt. 4. Wenn nun der Mensch auf diese Subtilität stösst, so ist sie eben dasjenige, wonach er geforscht hat und er darf nun nicht darauf ausgehen wollen, dass diese concret sei. 5. Geht er aber darauf aus, so bestrebt er sich damit, zu dem ersten Erkennbaren, von dem er ausgegangen, oder dem

---

9) So übersetze ich das Wort ידיעות, nicht „Erkenntnisse" (Fürst 135), da die Behauptung, alle unsere Erkenntnisse wurzelten in sinnlicher Wahrnehmung, mit der Annahme des Saadja von den drei Quellen unserer Erkenntnisse in offenem Widerspruch stünde. Unsere Erfahrungen haben aber allerdings alle ihren Ursprung in den Sinnen.

10) So verstehe ich die Worte (B. 24; S. 49): וכאשר יצא הידוע מהיותר גשם או בתוך גשם.

11) Derselbe Grund, aus dem hier Saadja jeden Schritt über die Erkenntniss Gottes hinaus als unmöglich zurückweist, diente der Sekte der „Mathematiker" dazu, die Erkennbarkeit Gottes selbst zu läugnen (Schmölders a. a. O. S. 116).

zweiten, bei dem er angelangt war, zurückzukehren. Damit verstösst er wider alle wissenschaftliche Methode.
6. Solange er darauf ausgeht, das letzte Erkennbare concret zu fassen, geht er darauf aus, sein eigenes Nachdenken wie auch alles bereits Erkannte zu Nichte zu machen, und in die Unkenntniss zurückzufallen [12])."

Mit diesen Sätzen glaubt Saadja die Erkennbarkeit Gottes wider alle Zweifel und Anfechtungen gesichert zu haben. Die Forderung einer Körperlichkeit in Gott erweist sich darnach als völlig vernunftwidrig, sei es, dass sie aus dem speculativen Grunde, nur der Analogie von der Causalität in der Sinnenwelt [13]) folgen zu wollen, oder nach dem unphilosophischen Grundsatze, nur das sinnlich Wahrnehmbare anzuerkennen, erhoben wurde. Er fasst selber all das, was von ungereimten und grundlosen Vorstellungen über Gottes Wesen und dessen Erkennbarkeit ihm bekannt wurde, scharf zusammen, um mit Hülfe des Vorausgeschickten gründlich damit aufzuräumen. Hören wir seine eigenen Worte (B. 23; S. 48): „Als ich zu dem Abschnitt von der Erkennbarkeit Gottes kam, sah ich Einige, die diese aus dem Grunde läugneten, weil sie ihn nicht gesehen hätten, Andere wegen der Tiefe und Subtilität dieses Begriffes. Andere meinten, seine Erkennbarkeit sei eine ganz andere [14]); Andere wieder glaubten, in ihren Vorstellungen als Körper sich ihn denken zu dürfen [15]),

---

[12]) Dieser Satz enthält gegen den fünften insoferne einen Fortschritt, als dieser die Unwissenschaftlichkeit des Bestrebens kennzeichnet, noch das letzte Erkennbare concret fassen zu wollen, während der Schlusssatz die Folgen darthut, welche die Nichtanerkennung der letzten Ursache mit sich führt.

[13]) Im zweiten Abschnitt, als von der Erkennbarkeit Gottes handelnd, hat Saadja diesen Einwand aus dem ersten Abschnitt nicht wiederholt.

[14]) Vgl. Schmölders a. a. O. S. 186, wo die Mutakallimun gegen eine ähnliche Behauptung der Nichterkennbarkeit Gottes ankämpfen.

[15]) Es hält nicht schwer, für diese Vorstellung Belege aus der Sektengeschichte beizubringen. Schahrastâni in den Abschnitten über die Muschabbiha, Karrâmija und Ghâlija (Haarbrückers Uebersetzung, Bd. I, S. 113—128) bietet deren übergenug. Man kann es nur auffällig finden, dass Saadja in so ruhigem Tone über eine Vorstellung referirt, die in der jüdischen Mystik als Lehre vom Schiur-Komah Verbreitung gefunden hatte (vgl. Grätz in Frankels Mtsch., Bd. VIII, S. 118. 142).

noch Andere schämten [16]) sich zwar, ausdrücklich Körperlichkeit in ihm anzunehmen, fordern aber für ihn Quantität, Qualität oder Raum und Zeit und Aehnliches, welche Forderung mit der eines körperlichen Wesens [17]) genau zusammenfällt, da diese Attribute nur einem Körper zukommen [18]). Ich habe darum das Obige vorausgeschickt, um ihre irrigen Vorstellungen ihnen zu benehmen, die Seelen von ihrer Beschwerde zu entlasten und es klarzustellen, dass gerade diese äusserste Subtilität im Begriffe des Schöpfers seine innere Gewissheit begründet und dass eben der Umstand, dass wir in unserem Denken ihn in einer alles Erkennbare übertreffenden Subtilität antreffen, ihn bewahrheitet. Diejenigen, die nur dem Augenschein trauen zu können behaupten und damit alle Wissenschaft aufheben, habe ich bereits bei Erwähnung der Lehren der Weltewigkeit, der Sophisten und Pyrrhonisten [19]) widerlegt. Der Leser kann, wenn er noch eines Aufschlusses darüber bedürfen sollte, das dort Gesagte nachlesen (B. I, 4, Nr. 10. 11. 12; S. 39—43). Diejenigen aber, die unseren Begriff wegen seiner Subtilität und Tiefe nicht zugeben wollen, müssen diese ihre zweite Forderung [20]) nach der ersten aufgeben, habe ich doch, wie man weiss, im ersten Abschnitt (S. 19) auseinandergesetzt, dass wir da nach einem sub-

---

16) Ben-Seeb in der Berliner Ausgabe vermuthet bereits היום für אינם.

17) עצם bedeutet bei Saadja manchmal, wie B. 23 b; S. 49: „Körperliche Wesenheit".

18) Von Hischâm ibn al-Hakam berichtet Al-Ka'bi, dass er Gott als Körper angesehen habe mit Theilen und Quantität, der doch nichts Anderem unter den geschaffenen Körpern gleiche, Schahrastâni, Haarbrücker I, 212.

19) עמידה, die wörtliche Uebersetzung von ἐποχή, ist die Lehre der Pyrrhonisten von der völligen Zurückhaltung alles Urtheils. In der Uebersetzung von בצלי העקסטות folge ich Sachs (Die religiöse Poesie der Juden in Spanien, S. 191, Anm. 1).

20) Sie müssen die Forderung, der Begriff dürfe nicht fein sein, nach der ersten, er müsse concret sein, die bereits widerlegt ist, aufgeben. Dr. Ph. Bloch in Posen hat mir folgende Erklärung dieser schwierigen Stelle mitgetheilt: „Sie haben die zweite, auf die erste folgende Untersuchung damit abgelehnt, d. h. sie geben das Dasein einer die Welt hervorbringenden Ursache zu, scheuen aber vor dem Resultat der logischen Entwicklung dieser Ursache zurück."

tilen, tiefen, verborgenen Gegenstande forschen, desgleichen nie gesehen wurde und darauf Koheleths Wort (7, 24) bezogen: Fern bleibt, was fern war, tief, tief, wer kann es finden? Ich habe auch bereits gesehen, wie Andere [Denker] diesen [letzten] Begriff dünn wie ein Stäubchen, ein Haar, ein Atom auffassen. Für uns aber ist das Hervorgehen des Etwas (des Urstoffs) aus dem Nichts [ohne einen Schöpfer] eine Unmöglichkeit (wir müssen einen Schöpfer annehmen). Wenn nun jener auf dieser Stufe[21]) erkannte Begriff (der Urstoff) so beschaffen sein soll, so muss doch nothwendig der auf der höheren Stufe erkannte Begriff von einem Schöpfer das Subtilste alles Subtilen, das Tiefste alles Tiefen, das Mächtigste alles Mächtigen, das Verborgenste alles Verborgenen, das Erhabenste alles Erhabenen sein, von dem auch nicht ein Theil begriffen werden kann, wie es im Verse (Job 11, 7) heisst: Willst du Gottes Erforschung finden, finden des Allmächtigen letzten Grund? Diejenigen ferner, die sich ihn als Körper zu denken beeifern, mögen aus ihrem Unverstand erwachen, sind doch vom Körper alle unsere Erkenntnisse ausgegangen, sind wir doch durch Erforschung und Untersuchung der Merkmale, die an jenem sind, zur Erkenntniss seines Schöpfers gelangt, wie soll man also gleichsam zum Abc[22]) zurückkehren? Wenn man in der Ansicht befangen ist, er sei ein Körper, dann muss der Körper, in dem[23]) wir nun den Schöpfer zu suchen haben, eine in ihrer körperlichen Wesenheit erkennbare Einzelsubstanz[24]) sein, so dass deren Schöpfer nun wieder eine neben ihr bestehende Einzelsubstanz sein könnte. Wir suchen aber

---

21) Die Richtigkeit dieser Auffassung beweist die Anführung unserer Stelle bei Moses Taku (Ozar Nechmad III, S. 76) nach der freieren, nichttibbonischen Uebersetzung.

22) D. h. zum ersten Erkennbaren = (B. 22; S. 46) לטוב אל הידוע הראשון ... או הטני.

23) Das לו könnte zur Noth auch als Accusativ gelten; vielleicht ist בו zu lesen.

24) איש in dieser Bedeutung findet sich auch B. 29 a; S. 55, ist auch sonst nicht selten.

einen Schöpfer für alle Körper, die wir sehen und erkennen, dieser Schöpfer muss jeden Körper, den wir uns denken können, erschaffen haben und von ihm (verschieden) unabhängig sein (weder von einem Körper geschaffen noch getragen). Die Frage, was nach ihm komme, haben wir bereits zurückgewiesen, und zwar aus der natürlichen Anlage des Menschen und der nothwendigen Endlichkeit seiner Erkenntniss als einer endlichen Kraft, aus der Art unseres Begreifens, da nichts, was nicht zum Ende gelangt und aufhört, von der Seele erfasst werden kann, endlich aus der Wurzel, auf die alle Wissenschaft sich gründet. ... Diejenigen endlich, die ihn nicht körperlich zu fassen vorgeben, aber dennoch Bewegung oder Ruhe, Unwillen oder Wohlwollen und Aehnliches in ihm suchen, die haben zwar nicht dem Worte, aber dem Sinne nach in der That seine Körperlichkeit gefordert, wie etwa einer, der behauptet, er fordere nicht hundert Goldstücke von jenem, sondern zehntausend, zwar den Ausdruck hundert beseitigt, aber denselben Begriff (Geld) beibehalten hat. Hat nemlich die Untersuchung einmal ergeben, dass er kein [25]) Körper, so muss jedes fernere Suchen nach einem allgemeinen körperlichen Accidens in ihm unterbleiben."

Diese bei seiner, wie Saadja selbst sagt, concisen Darstellungsweise ungewöhnlich ausführliche [26]) Einleitung war unerlässlich, wenn nicht jeder Schritt, der im Folgenden versucht wird, besonders und ängstlich sollte vertheidigt werden müssen. Nunmehr, nachdem ein ausserweltliches, übersinnliches, von aller Körperlichkeit freies Wesen als Schöpfer der Welt nachgewiesen ist, kann zur

---

25) Die Berliner Ausgabe hat hier (24 a) das allein richtige שאיננו, während in den übrigen das nur zur Noth oder gar nicht verständliche שהוא sich findet. Es wird in der Berliner Ausgabe nicht als Conjectur bezeichnet.

26) Saadja entschuldigt die Ausführlichkeit dieser Einleitung noch besonders damit, dass 1. der Gegenstand seiner Bedeutung wegen diese erfordere, wie man Perlen länger als Glas suchen muss, und 2. die Gegner, die über den Gegenstand handeln, einer durch Unverstand, Verführungssucht, Nachlässigkeit und Leichtsinn (vgl. am Schlusse der Einleitung Punkt 2 und 3; S. 17) gleich sehr veranlassten Breite in ihren Darstellungen sich befleissigen, die aber doch sorgfältig widerlegt werden müssen.

Entwicklung seiner einzelnen Bestimmungen, richtiger zur Behandlung der Frage, ob und in welcher Weise eine solche möglich ist, geschritten werden.

Ueberall, wo von einer Wirkung auf die Ursache geschlossen wird, wird mit dem Dasein dieser Ursache zugleich eine nähere Bestimmung derselben offenbar. Eine strengphilosophische Betrachtung des Gottesbegriffs wird daher nur diejenigen Bestimmungen desselben entwickeln können, zu denen bereits ihre Beweise für das Dasein Gottes sie hinführten[27]). Wollten wir also an diesem Beispiel den logischen Gehalt Saadjanischer Aufstellungen prüfen, so hätten wir nur darauf zu sehen, ob in der That auch Saadja nur solche Bestimmungen von dem Wesen Gottes angiebt, die in der Ursache bereits nothwendig enthalten waren, deren Dasein von ihm erwiesen wurde. „Gott, gelobt sei er", sagt Saadja (B. II 1; S. 49), „hat uns durch seine Propheten kundgethan, dass er Einer, lebendig, mächtig, weise sei, dem sowohl selbst wie seinen Werken nichts gleichet, und uns darüber Schriftverse und Beweise[28]) aufgestellt, so dass wir es bald annehmen können, nach dem, was darüber das Denken ergiebt." Und in der That hat das Denken sie bereits ergeben!

Wir könnten nach dem Vorausgeschickten, ohne erst

---

27) Jede Vorstellung über die Gottheit, sagt Zeller (Die Philosophie der Griechen, Bd. III², S. 306), beruht in letzter Beziehung auf einem Rückschluss von dem gegebenen auf den absoluten Grund, und jede nähere Bestimmung dieses Absoluten kann nur unserem Welt- und Selbstbewusstsein entnommen sein." — „Ebendaher haben wir auch die göttlichen Eigenschaften der Hauptsache nach schon in den Beweisen fürs Dasein Gottes gefunden; und das musste so sein, wofern jene Beweise wirklich auf einen bestimmten, durch Eigenschaften erkennbaren Gott, nicht bloss auf ein abstract Unendliches führen sollen", sagt Pfleiderer a. a. O., Bd. I, S. 279.

28) אותות ומופתים. Kaum „Zeichen und Wunder" (Fürst, S. 137), eine allerdings richtige Uebersetzung, deren Unwahrscheinlichkeit an dieser Stelle aber nicht erst bewiesen zu werden braucht. Diese Worte scheinen mir vielmehr die getreue Wiedergabe des arabischen آيات وبراهين zu enthalten, die auch („Zeichen und Wunder") Koranverse und Beweise bedeuten.

die Begründung des Saadja abwarten zu müssen, die strenge Folgerichtigkeit dieser Bestimmungen nachweisen. Zu einer letzten Ursache hatte die Untersuchung hingeführt. Gott muss also Einer sein, bewusst hatte diese Ursache die Wirkung aus sich hervorgehen lassen, sie vermochte es, sie zu vollbringen und vollbrachte sie aufs Beste, Gott muss also lebendig, mächtig, weise sein, ebenso wie aus der bereits erwiesenen nothwendigen Unkörperlichkeit dieser Ursache die letzte Bestimmung sich ergiebt, die Unvergleichbarkeit alles Geschaffenen mit dem Schöpfer. Saadja hat also in der That nur die Bestimmungen von dem Wesen Gottes in seine Darstellung aufgenommen, die aus ihrem bisherigen Gange ohne Zwang hervorgehen [29]).

Fassen wir diese von Saadja aufgestellten Bestimmungen über das Wesen Gottes näher ins Auge, so werden wir eigentlich nur drei finden, die uns gewissermassen von dem inneren Wesen Gottes etwas berichten, mit Recht also Eigenschaften oder, dogmatisch gesprochen [30]), Attribute genannt werden können, es sind dies die drei Bestimmungen, dass er lebendig, mächtig, weise sei. Denn dass er Einer [31]) sei, kann nur als formelle oder negative [32]) Bestimmung

---

29) Dass diese Darstellung keine willkührliche, sondern die begründete ist, zeigt die Thatsache, dass Saadja, der aus der Schrift zu schöpfen vorgiebt, doch nur diese Zahl von Bestimmungen anführt. Aus der Schrift hätte er leicht eine viel grössere Zahl, ja der reinsten und höchsten Bestimmungen über das göttliche Wesen finden können, seine Bestimmungen standen ihm aber bereits von vornherein fest, er suchte sie also nur aus der Schrift zu begründen. Saadja benützt hier die Form des orthodoxen Kalâm, der auch den Sätzen des Koran die Begründung durch die Vernunft zu schaffen sich bestrebte, aber nur die Form, der Inhalt ist hier ein anderer.

30) Nach der Definition: notiones intrinsece essentiam divinam determinantes, also „innere Bestimmungen, die als etwas Gott an sich zukommendes gedacht werden" wie dies Twesten in seinen „Vorlesungen über die Dogmatik" (Bd. II, 1. S. 24) angiebt.

31) „Was nun zuerst die Einheit Gottes betrifft, so kann es strenggenommen nie die Eigenschaft eines Dinges sein, dass es nur in bestimmter Zahl vorhanden ist", sagt Schleiermacher (Der christliche Glaube, Bd. I, S. 305; Bd. III der Gesammtausgabe).

32) Vgl. Schleiermacher a. a. O. S. 262 und Bretschneider a. a. O., Bd. I, S. 469.

gelten, was sich auch von der Unvergleichbarkeit behaupten lässt, nur dass diese, da sie auch jede nähere Bestimmung des göttlichen Wesens als unvergleichlich hinstellt, doch auch, wie Schleiermacher sich ausdrückt, als „Mass und Beschaffenheit der wirksamen Eigenschaften" angesehen werden kann. Dass in dieser geringen [33]) Zahl von Eigenschaften das göttliche Wesen befasst, oder auch nur dasjenige ausgedrückt sein soll, was dem Menschen davon zu erkennen vergönnt ist, ist eine Annahme, bei der das strengphilosophische Denken, nimmer aber das lebendige Gefühl „des frommen Selbstbewusstseins", wie es Schleiermacher nannte, sich beruhigen kann. Es lässt sich also leicht denken, dass eine Aufstellung der göttlichen Eigenschaften, wie die des Saadja, auf Widerspruch stossen musste. Es ist dem frommen Gottesbewusstsein nur natürlich, dass das unendliche Wesen nur durch eine unendliche Reihe von Bestimmungen zum richtigen Ausdruck gebracht werden könne; jede neue Eigenschaft oder Vollkommenheit, die es an seine Vorstellung von Gott herantragen kann, dünkt ihm eine Annäherung zur vollen Wahrheit. Es wird darum auch nicht müde, all die Vollkommenheiten, die das vollkommenste Wesen der Natur, der Mensch, darbietet, Gott zuzuschreiben und mit all den Eigenschaften sich ihn ausgestattet zu denken, welche die Schrift ihm zertheilt. Aus diesen beiden Quellen [34]), aus

---

33) Wir werden im Verlaufe dieser Darstellung es bestätigt finden, dass Saadja selber nur die angegebenen drei Eigenschaften allein als solche anerkennt.

34) Auf diese beiden Quellen werden auch im Schahrastâni all diese wahnwitzigen Vorstellungen zurückgeführt. Besonders deutlich wird dies in der seiner Behandlung der Şifâtîja vorangehenden Uebersicht. فبلغ بعض السلف فى اثبات الصفات الى حد التشبيه بصفات المحدثات (Schahrastâni I. 64; H. I. 96), wir haben hier also in der Vergleichung mit dem Geschöpf die eine Quelle, ثم ان جماعة من المتأخرين زادوا على ما قالته السلف فقالوا لا بد من اجرائها على ظاهرها والقول بتفسيرها كما وردت من غير تعرض للتاويل ولا توقف فى الظاهر فوقعوا فى التشبيه الصرف (ibid.), in der wörtlichen Auffassung der Schriftangaben die zweite Quelle dieser Irrlehren.

der Vergleichung Gottes mit dem Geschöpf und aus der wörtlichen Auffassung der in der Schrift enthaltenen Ausdrücke göttlicher Eigenschaften sind durch masslose Uebertreibung all die unwürdigen Vorstellungen von Gott hervorgegangen, wie sie besonders in den Lehren der drei arabischen Sekten, der Ṣifâtîja, Muschabbiha und Gulât zu Hause waren. Die Verkehrtheiten dieser Sekten, besonders Vermenschlichung, Massbestimmungen Gottes haben auch in jüdischen Kreisen in der gaonäischen Epoche[35]) Eingang gefunden, und von ihnen musste vor Allem wider diese Lehre des Saadja von den göttlichen Eigenschaften Einsprache erhoben werden. Saadja sagt uns dies auch ausdrücklich, gleich nachdem er diese Bestimmungen und ihre Begründung durch die Schrift angeführt hat. „Nachdem wir", sagt er (S. 50), „diese fünf Begriffe aus den prophetischen Büchern erfahren hatten[36]), gingen wir daran, auf speculativem Wege sie zu begründen und fanden sie auch begründet, fanden aber zugleich die Widerlegung aller Einwände, die jene erheben können, welche einen dieser Begriffe[37]) bestreiten. Sie gehen aber aus zwei Be-

---

35) Vgl. Grätz (Frankels Mtsch., Bd. VIII, S. 113—118). Am Weitesten in dieser Richtung ging, wie Makrizi angiebt (de Sacy, Chrestomathie arabe, seconde édition I. 307, im Text S. 116), die الجالوتية, die nach Grätz (a. a. O. S. 118) von dem Worte גלויתא ihren Namen hätte und so viel als „Mystiker" dadurch bedeuten soll. Dieser Sekte entspricht an extremem Anthropomorphismus unter den arabischen die الغالية oder الغلاة (Schahr. I, 132). Doch hindert uns die Verschiedenheit der Schreibung eine Identität der Namen Dschâlûtîja und Gâlija anzunehmen, die nach der Lautähnlichkeit der Worte — vielleicht ist ج falsche Schreibung für غ, durch das hebr. ג entstanden — und Identität der Lehren nahe liegt.

36) Saadja kehrt hier, wie wir bereits gesehen haben, dem Kalâm folgend, den Sachverhalt um, indem er zu den Angaben der Schrift die speculative Begründung gesucht zu haben vorgiebt, während er die bereits feststehenden Resultate der Speculation aus der Schrift begründet.

37) על דבר מהם kann aber auch sinngemässer übersetzt werden: „welche diese Begriffe in etwas bestreiten", indem von beiden Beweggründen aus weniger ein einzelner dieser Begriffe, als eben ihre geringe Zahl bestritten werden kann. Zur Erklärung der beiden Abtheilungen des zweiten Beweggrundes, nemlich der wörtlichen Auffassung unserer sowohl wie der Aussagen der Schrift, vgl. Em. wed. II. 7; S. 60 ff.

weggründen allein darauf aus, einen dritten giebt es nicht, einmal, weil sie ihn (Gott) mit den Geschöpfen vergleichen und zweitens darum, weil sie uns bei jedem Worte, mit dem wir ihn beschreiben oder das sich in der Schrift findet, an der grobsinnlichen, nicht der übertragenen Bedeutung des Wortes festhalten." Ehe Saadja mit den Gegnern sich darüber auseinandersetzt, will er zuvor näher die aufgestellten Bestimmungen behandeln. Wohl führt Saadjas Beweis vom Dasein eines Schöpfers zur nothwendigen Behauptung seiner Einheit, und ein besonderer Nachweis für die Wahrheit dieser Bestimmung wäre somit unnöthig. Aber das Einheitsbekenntniss hat als oberste Grundlehre des Judenthums für den jüdischen Religionsphilosophen eine viel zu hohe Bedeutung und hatte für Saadja, den gerade hierin der Mu'tazila folgenden Denker, aus dem Kalâm dieser Schule[38]) her eine viel zu grosse Wichtigkeit, als dass er es sich hätte versagen sollen, die Einheit Gottes gerade auf alle mögliche Weise zu begründen. Wohlbewusst, wie er sich ist, mit seinem kosmologischen Beweis die Einheit Gottes bereits bewiesen zu haben, unternimmt er es dennoch, sie noch obendrein zuerst direkt und dann indirekt zu beweisen. „Vor Allem", sagt er (B. II. 2; S. 50), „will ich bemerken, dass wir ausser dem, was an Beweisen dafür bereits vorausgegangen, noch Beweise für seine Einheit in dem gefunden haben, was ich über den Schöpfer der Körper bemerken will." Aus der Thatsache, dass Gott als Schöpfer der Körper für uns bereits feststeht, holt auch Saadja die direkten Beweise für seine Einheit, die er in scharfer Sonderung von den indirekten voranstellt. Es sind die folgenden: I. Gottes Unkörperlichkeit ist als bewiesen vorauszusetzen. Vom Begriffe eines Körpers ist durch seine nothwendige Zusammensetzung die absolute Einheit ausgeschlossen, es

---

38) Dies beweist schon ihre Bezeichnung als اصحاب العدل والتوحيد (Schahr. I. 29), als „Anhänger der Gerechtigkeit und des Einheitsbekenntnisses" (H. I. 41). Ja, es galt sogar von ihnen, dass sie bei der Behauptung der Einheit übertreiben غلوا فى التوحيد (Schahr. I. 9).

gehört zum Wesen eines Körpers seine Mehrheit. „Wäre nun", sagt Saadja, „Gott mehr als Einer, so wäre der Begriff der Zahl auf ihn anwendbar, er würde somit den Bestimmungen der Körperlichkeit unterliegen."[39]) II. Der Grund, der zur Annahme vom Dasein Gottes nöthigt, dass es nemlich ein unumgänglich Nothwendiges geben müsse, ohne das alles Andere nicht hätte entstehen können, führt auch zur Annahme seiner Einheit. „Denn dasjenige, um das Gott mehr wäre als Einer, ist nicht unumgänglich nothwendig, man bedarf seiner nicht." Wir sind eben nur zur Annahme einer einzigen Ursache genöthigt und haben kein Recht, willkürlich mehrere anzunehmen[40]). III Der von der Schöpfung abgeleitete Beweis führt nur zur Annahme Eines Schöpfers. Jeder nun, der ausser diesem noch angenommen würde, bedürfte eines eigenen Beweises. Nun kann aber eben aus der Schöpfung nur Ein Schöpfer bewiesen werden, und da es nur Eine Schöpfung giebt, kann es nur Einen Schöpfer geben.

Als indirekte Beweise nun können alle die Einwendungen gelten, die gegen die Annahme von zwei Göttern bereits vorgetragen wurden. Saadja hat bereits im ersten

---

39) Dieser erste Beweis für die Einheit Gottes, den hier Saadja giebt, kann zwar nicht unter den von Maimuni uns überlieferten Beweisen der Mutakallimûn (Munk, Guide I. c. 75) nachgewiesen werden, ist aber kalamistisch, da es seine Grundlage ist. Dass mit der Unkörperlichkeit absolute Einheit mitgesetzt sei, ist der Grundgedanke dieses Beweises, und dieser ist eben dem Kalâm entnommen.

نفى الجسمانية عندهم كانه فرع لازم لاصل التوحيد قالوا الجسم ليس بواحد,

„die Läugnung der Körperlichkeit", sagt Maimuni (ibid. am Anfang des c. 76), „ist bei ihnen gleichsam ein der Wurzel des Einheitsbekenntnisses nothwendig anhaftender Zweig. Ein Körper, behaupten sie, kann nicht Einer sein."

40) Der wahre Sinn dieses Beweises, wie ich ihn hier dargestellt habe, ist aus Bachja's Choboth hallebaboth c. 7 Nr. 3 zu entnehmen, wo der zweite und dritte Beweis des Saadja in einen einzigen verschmolzen sind. Diese beiden lassen sich ebensowenig wie der erste in der erwähnten Anführung des Maimuni finden, doch hat der zweite Saadjanische mit dem daselbst angeführten vierten kalamistischen denselben Ausgangspunkt. Statt aber in der tiefen Weise des Saadja die Folgerung so zu stellen, dass die angenommenen mehreren Götter aus der Thatsache der Schöpfung sich nicht ableiten lassen, verflachten die Mutakallimûn die Sache durch Herbeiziehung ihrer Lehre, dass es in Gott kein Mögliches — und solches sind doch nur diese mehreren — geben könne, und boten so dem Maimuni einen bequemen Angriffspunkt (Munk, Bd. I S. 447).

Abschnitt (I. 4, Nr. 5; S. 30—34) in der Kritik der nicht monotheistischen Lehren die Unmöglichkeit der Annahme nachgewiesen, welche die gesammte Schöpfung auf die beiden Principien des Lichts und der Finsterniss zurückführen will"). In diesem Abschnitt, in dem es sich allein um die Erweisung der Existenz des Einen Gottes und seiner Erkennbarkeit handelt, braucht Saadja auf jene Widerlegung des Dualismus nur hinzuweisen. Hier bemüht er sich nur, die inneren Widersprüche nachzuweisen, die aus der Annahme zweier nebeneinander bestehender Principien oder Götter nothwendig hervorgehen. Ehe er aber das Unmögliche in der Annahme des Dualismus nachweist, will er diesen zuvor als eine willkürliche Aufstellung kennzeichnen, da kein Eintheilungsgrund vorliege, der es beweisen könnte, warum nothwendig gerade auf diese Principien die Schöpfung zurückgeführt werden müsse. Mit ebensoviel Recht oder Unrecht hätten sie die zehn Kategorieen, auch die sechs Arten der Bewegung oder die vier Elemente, um nur einige[42]) anzuführen, als Principien der Welt aufstellen können. „Doch", so schliesst Saadja diese Einwände ab (II. 2; S. 51), „ich brauche mich nicht länger dabei aufzuhalten, damit der Widersinn[43]) der Eintheilungsart, der sie sich zugewandt haben, klar werde, indem sie bloss eine beliebige Zahl aus den übrigen Zahlen herausgegriffen und als Princip festgesetzt haben."

Hierauf lässt Saadja die indirekt geführten Beweise für die Einheit Gottes folgen, in denen die innere Un-

---

41) Die Angaben des Saadja über diesen Dualismus zeigen es deutlich, wenn man die des Schahrastâni über diesen Gegenstand vergleicht, dass die Polemik sich gegen die Daisânija richtet, vgl. Schahrastâni Bd. I. S. 194; Haarbrücker Bd. I S. 293. Vgl. auch Munk, Guide Bd. I S. 442 Anm. 3 über die تَنوِيه oder Dualisten.

42) Saadja führt noch viele andere Eintheilungsgründe an, die sich zur Aufstellung von Grundprincipien würden geeignet haben. Die Darlegung und nähere Nachweisung der zu solchen Eintheilungsgründen gewählten Beispiele kann an dieser Stelle nicht gegeben werden.

43) הסד ist das arabische فساد, das ebenso „Widersinn" bedeutet.

möglichkeit in der Annahme des Dualismus dargethan wird. Es sind die folgenden: I. Können beide Götter nur zugleich schaffen, so bedarf also einer des anderen, beide wären somit unvermögend [44]), d. h. nicht Gott. Kann aber die Schöpfung auch durch Einen vollführt werden, so ist der andere überflüssig und darf somit nicht angenommen werden [45]). Dass aber beide zugleich die Schöpfung sollten vollführt haben, wiewohl dies jeder allein auch gekonnt hätte, ist ebenfalls unmöglich. Denn würde dies darum der Fall gewesen sein, weil einer den anderen von der alleinigen Vollführung zurückgehalten hätte, so wären beide abhängig, d. h. nicht Gott. Sind aber beide frei, so hätte ebensowenig durch sie eine Schöpfung zu Stande kommen können. Es müsste dann nemlich, wenn ihre Willensrichtungen sich einmal kreuzten, ein Körper die von beiden gewollten, gegensätzlichen Bestimmungen in sich vereinigen [46]) können; so müsste z. B., wenn der eine ihn

---

44) נלאים = schwach, kraftlos. Es entspricht dem arabischen عاجز, das in der späteren Terminologie der Uebersetzer mit לואה wiedergegeben wird, wie das Substantivum عجز mit לאות. So bei Samuel ibn Tibbon (Moreh Nebuchim I. c. 75 Nr. 5). Ahron ben Elia (Ez Chajim ed. Delitzsch S. 78) gebraucht dieselben Ausdrücke.

45) Bei einer so knappen Art der Beweisführung, wie die des Saadja es ist, kann das Fehlen dieses selbstverständlichen Theiles im Doppelschluss nicht weiter auffällig sein. Maimuni in seiner Anführung dieses fünften Beweises unter den Einheitsbeweisen des Kalâm (c. 75 Nr. 5) führt diesen Theil aus, ebenso Ahron ben Elia (a. a. O. S. 78). Mit diesem Beweise hat Saadja einen anderen verbunden, der unter den Beweisen des Kalâm davon getrennt ist (Munk, Guide I. c. 75, 1). Sowohl nach der Seite des Könnens als nach der des Wollens wollte er die Unmöglichkeit ihrer Annahme nachweisen. Können beide dasselbe, dann ist einer überflüssig; können sie nicht dasselbe, dann sind sie „schwach". Wollen beide dasselbe, dann muss, wenn ihre beiderseitige Betheiligung an der Vollbringung erklärt werden soll, eine wechselseitige Beschränkung ihres Willens angenommen werden, sie wären dann „gezwungen", abhängig; wollen beide nicht dasselbe, dann müsste das von ihnen zu schaffende Ding Gegensätze in sich vereinigen können, s. Munk, Guide I. 418 Anm. 1.

46) Allerdings ist auch die Annahme zulässig, dass die gegensätzlichen Bestimmungen einander aufhöben; aber abgesehen von der Schwäche, welche die Nichtverwirklichung des Willens in jedem von beiden begründet, führt diese Annahme nach kalamistischen Principien zu einem Widersinn, da ein Körper in jedem Augenblick eine von zwei gegensätzlichen Accidenzen tragen muss, vgl. Munk, Guide I. 441.

lebend, der andere todt haben wollte, der Körper lebend und todt zugleich sein (II. 3; S. 51). II. Könnte einer vor dem anderen Etwas verbergen, dann wäre keiner von beiden allwissend; könnte einer vor dem anderen Nichts verbergen, dann wären beide unvermögend, in beiden Fällen also nicht Gott⁴⁷). III. Wären beide wesensgleich⁴⁸), dann wären sie nur Einer; wären sie aber von einander verschieden, dann müsste es neben ihrer Besonderheit ein Drittes geben, in dem sie sich gleichen, es müsste also jeder aus diesem Dritten und seiner Besonderheit zusammengesetzt sein und wäre somit als Zusammengesetztes Körper. Saadja hatte noch einem Einwande hier vorzubeugen. Die Anhänger des Dualismus konnten gegen den letzten Beweis immer noch geltend machen, dass die beiden Götter durchaus Gegensätze seien, die in keinem Dritten sich gleich und darum eben keine Körper seien. „Sie können aber", sagt Saadja, „diese nicht der Finsterniss und dem Licht vergleichen, die kein Drittes nöthig haben, denn diese sind Accidenzen, jene aber sollen ja Substanzen sein." Diese Widerlegung scheint, soweit ihre Knappheit dies erkennen lässt, nur auf kalamistischer Grundlage erklärt werden zu können. Alle Gegensätze fallen nach den Principien des atomistischen Kalâm, wie ihn Maimuni uns überliefert, auf die Seite der Accidenzen, da die Träger derselben, die Atome ja wesensgleich sind⁴⁹). Nun bedarf aber jedes Accidens

---

47) Dass Saadja nicht auch diesen Beweis mit dem ersten verbindet, kommt daher, dass nur Wollen und Können, nicht aber auch Wissen, wie noch weiter sich zeigen wird, bei ihm in unlöslicher Verbindung stehen. Diese Form des Beweises lässt aus dem Kalâm sich nicht nachweisen.

48) So muss דבקים übersetzt werden, da Ahron ben Elia in der Darstellung eben dieses Beweises an Stelle des דבקים die Worte שוי היצם anführt. Die Darstellung des Ez Chajim ist hier besonders deutlich, wo der Beweis bei Saadja und selbst bei Maimuni (c. 75 II) gerade auffällig knapp gehalten ist. Vergl. meine Theologie des Bachja S. 57, 1.

49) وهى كلها تلك الاجزاء متشابهة متماثلة لا اختلاف بها بوجه من الوجوه, alle diese Theile, sagt in der Entwicklung dieser Principien Mai-

eines Schöpfers[50]) und auch die den Gegensatz bildenden Accidentien bedürften nothwendig eines solchen. Die beiden Götter als Gegensatz zu fassen, heisst demnach sie zu Accidenzen machen, die nun ihrerseits eines Schöpfers bedürfen.

Dieses Ergebniss der Speculation, dass Gott nothwendig Einer[51]) sei, stimmt völlig mit den Angaben der Schrift überein, die in allen ihren Theilen diese Einheit zu betonen nicht müde wird. Der Einwand der Dualisten, dass die Schrift selber zwei Namen für Gott gebraucht: יהוה und אלהים, ist hinfällig, da nach der Art des hebräischen Parallelismus oft für denselben Begriff in den beiden parallelen Versgliedern zwei verschiedene Ausdrücke gebraucht werden. „Im Allgemeinen", sagt Saadja über das Verhältniss des Schriftwortes zur Speculation, „will ich bemerken, dass alles das, was in der Schrift und in unseren, den Ausdrücken der Gemeinschaft der Einheitsbekenner von Bestimmungen über Gott und seine Hand-

---

muni (l. c. 73 I), sind einander ähnlich und gleich und keine Art von Gegensatz ist in ihnen.

50) S. Maimuni a. a. O. I. c. 73, siebenten Hauptsatz.

51) Diese Einheit scheint Saadja noch im einfachen Wortverstande ohne alle Grübelei, in welchem Sinne diese von Gott behauptet werden könne, aufgefasst zu haben. Es ist bekannt, welche Ausdehnung in der späteren jüdischen Religionsphilosophie die Frage nach der Art der göttlichen Einheit angenommen hat, vgl. darüber Schmiedls Angaben a. a. O. S. 52—55. Dass die arabische Religionsphilosophie dieses Gegenstandes sich erst nach Saadja bemächtigt haben sollte, ist aus dem Grunde sehr unwahrscheinlich, weil David al-Mokammez, der Zeitgenosse des Saadja und treue Schüler der Mu'tazila, den Begriff der Einheit schon näher bestimmt (vgl. הליכות קדם S. 73 und Orient 1847, S. 620): ראנו אומרים כי הקב"ה הוא אחד לא כאחד שהוא ממין גדול ולא כאחד שהוא אחד במין קטן ולא כאחד במנין ולא כאחד ביצירה אבל הוא בדרך הפשיטה הגמורה שאין בה שום חילוק ולא ריכוב והוא אחד בכבודו ואין שני שדומה לו ופירוש זה כי הוא ראשון ואין לו ראשית ואחרון ואין לו אהרית והוא התואבה לכל המאונה והמסובב לכל המסובב. „Wir behaupten, dass Gott Einer ist, nicht wie die Eins aus der Gattung des Grossen, nicht Einer, wie die Eins in der Gattung des Kleinen, nicht wie die Eins der Zahl, nicht wie die Eins in der Natur, sondern in völliger Absolutheit, in der es keine Verschiedenheit und keine Zusammensetzung giebt, er ist Einer in seiner Erhabenheit, dem kein Zweiter gleicht, was eben so viel bedeutet, wie dass er der erste ohne Anfang, der letzte ohne Ende, die Veranlassung alles Veranlassten und die Ursache alles Verursachten."

lungen vorkommt und den zwingenden Ergebnissen der wahren Speculation zuwiderläuft, ohne Zweifel nur als sprachliche Metapher aufzufassen ist, in der die Forscher das finden können, was sie fordern" (S. 52).

Wir haben Saadja die oberste der göttlichen Bestimmungen, die Einheit, entwickeln gesehen. Er fasst den Begriff der Einheit, so streng, dass er jeden Schein der Mehrfachheit und Zusammensetzung davon fernhalten zu müssen glaubt. Galt ihm doch die Annahme zweier Götter darum schon als unmöglich, weil diese, wenn sie nicht genau dasselbe, d. h. Einer sein sollten, eine Zusammensetzung aus der beiden gemeinsamen und der jedem besonders zukommenden Bestimmung enthalten müssten, und damit Körper wären. Nun hat aber Saadja selber neben der Einheit noch drei[52]) andere Bestimmungen Gottes aufgezählt, er wäre somit nach seiner Ansicht auch aus mehreren Bestimmungen zusammengesetzt. Ist die göttliche Einheit damit aufgehoben? Diese Frage muss vor Allem von Saadja behandelt werden. Soll die Einheit Gottes in oder neben seinen Bestimmungen fortbestehen, so dürfen diese nicht Theile des göttlichen Wesens, nichts zu diesem Hinzukommendes sein. Dieser Punkt ist für die Auffassung Saadjas von den göttlichen Eigenschaften von zu grosser Bedeutung, als dass wir nicht seine eigenen Worte hierüber an dieser Stelle anführen sollten. „Nunmehr", sagt er (II. 4; S. 53), „will ich angeben, wie ich auf speculativem Wege aus der für uns bereits feststehenden Thatsache, dass er die Dinge geschaffen, den Beweis dafür gefunden habe, dass er lebend, mächtig, weise sei. Es ist uns nemlich durch die Kraft unserer Einsicht klar geworden, dass nur ein Mächtiger schaffen könne und nur ein Lebender mächtig sei und nur von einem, der von dem Schaffen weiss, was und wie es sein werde, ein zweckmässig Geschaffenes ausgehen könne. Diese drei Bestimmungen hat unsere Einsicht mit Einem

---

52) Die vierte, die Unvergleichlichkeit, haben wir bereits gewissermassen als Eigenschaft der Eigenschaften bezeichnet; Saadja lässt sie in der That fallen.

Male, nicht durch einzelne [aufeinanderfolgende] Gedanken und Untersuchungen für unseren Schöpfer gefunden, indem sich ihr eben aus der Thatsache, dass er Schöpfer ist, ergeben hat, dass er lebend, weise, mächtig ist, wie ich bereits auseinandersetzte. Unmöglich kann der Verstand zu einer dieser Bestimmungen früher als zu der anderen gelangen, vielmehr gelangt er mit Einem Male zu ihnen, weil er es für unmöglich hält, dass ein Nichtlebender, oder ein Nichtmächtiger sollte Schöpfer gewesen sein, oder dass ein vollkommenes, zweckmässiges Werk von einem ausgehen sollte, der nicht weiss, wie die Arbeit ausfallen wird, kann doch das Werk eines, der dies nicht weiss, nicht zweckmässig und planvoll sein. Wir vermögen aber nicht in derselben Weise, wie diese drei Bestimmungen mit Einem Male in unserem Denken zu Stande gekommen sind, durch unsere Sprache mit Einem Male dazu zu gelangen. Wir finden nemlich in der Sprache keinen Ausdruck, der diese drei Bestimmungen umfasste, und müssen sie daher durch drei Ausdrücke umschreiben, wiewohl wir sie ausdrücklich in Eins verbunden haben, da sie der Verstand mit Einem Male erfasst. Man denke aber nicht, dass der Ewige, gelobt sei er, geschiedene Bestimmungen in sich enthalte, denn alle diese Bestimmungen sind nur die Bestimmung, dass er der Schöpfer ist, und nur unsere Ausdrucksweise hat uns dazu gebracht, diesen Begriff in drei Worten auszuprägen, weil wir unter den vorhandenen Worten keines fanden, das jene [Bestimmungen] umfasste, und doch nicht erst ein Wort dafür gebildet werden kann, das selbst unbekannt, einer Erklärung also bedürftig wäre, wodurch wir wieder statt desselben zu vielen Worten kommen müssten. Denkt aber jemand, dass diese Bestimmungen Verschiedenheit begründen, indem nemlich die eine nicht die andere wäre, so will ich ihm den Widersinn dessen, was er gedacht, nach der wahren Speculation nachweisen. Verschiedenheit und Veränderung sind nemlich nur bei Körpern und Accidenzen vorhanden, der Schöpfer der Körper und Accidenzen ist aber erhaben über alle Verschiedenheit und Veränderung. Doch will ich, damit dies genüge, es ausführlicher darlegen. Ich bemerke also, dass ganz ebenso wie unser Ausdruck: Schöpfer nicht ein zu seinem Wesen Hinzukommendes, sondern nur ausdrücken will, es gebe hier von ihm eine Schöpfung, auch unsere Ausdrucksweise: Lebend, Vermögend, Weise, welche nur Ausführungen des [Begriffes] Schöpfer sind, da ja nur derjenige Schöpfer sein kann, dem diese Bestimmungen vereinigt zukommen, nicht ein zu seinem Wesen Hinzukommendes, sondern nur ausdrücken wollen, dass es hier von ihm eine Schöpfung gebe."

Die Thatsache, dass Gott Schöpfer der Welt ist, ist die alleinige Quelle unserer Bestimmungen über sein Wesen. Der Begriff Schöpfer ist in unserem Denken an seine unerlässlichen, wesentlichen Eigenschaften: lebend[53]), mächtig[54]), weise[55]) unzertrennlich geknüpft. Mit demselben

---

53) In der Geschichte der göttlichen Eigenschaften ist das Leben wohl die am Wenigsten bestrittene, aber auch die am Wenigsten behandelte Eigenschaft, nicht als ob sie darum auch die selbstverständlichste wäre. Unter allen haftet vielmehr ihr gerade wohl am Meisten der Anthropomorphismus an, weil nur der Blick auf uns selber uns nöthigt, Gott als lebend zu denken, selbst dann, wenn wir einen klaren Begriff nicht damit verbinden können oder mit einer anderen Eigenschaft, wie weise und mächtig, sie identisch halten. In der christlichen Dogmatik wird die Eigenschaft des Lebens aus dem „in sich identischen Selbstbewusstsein" gewöhnlich hergeleitet, das wir in Gott annehmen, vgl. Strauss, a. a. O. I. 502. 514, Bretschneider a. a. O. I. 538, Anm. 291. Bei Saadja finden wir das Leben aus der Macht Gottes gefolgert, ולא יכול כי אם חי (B. II. 4; S. 53) „nur ein Lebender ist mächtig", vgl. Mevâkif 56. Es scheint dies in dem arabischen Sprachbewusstsein des Denkers seinen Grund zu haben. Das Attribut „mächtig" wird in der arabischen Dogmatik immer durch قادر ausgedrückt. Der Wurzel dieses Wortes haftet aber in gleicher Weise der Begriff des Mächtigseins, wie der des Beschliessens, Bestimmens an. Wie also in der modernen Dogmatik aus der „intelligenten Selbstbestimmung" (Strauss Bd. I S. 502) die Persönlichkeit, das Leben Gottes abgeleitet wird, so konnte es Saadja aus der Bedeutung des قادر ableiten.

54) Dass Saadja nicht den Willen unter den Attributen Gottes aufführt, kann nur von der Schärfe seines Denkens zeugen. In dem Begriffe des Schöpfers muss er nicht gefunden werden, dann lässt er immer auf ein Streben, ein Bedürfen, eine Beschränkung schliessen und ist endlich für die philosophische Dogmatik das Wollen von dem Können gar nicht zu scheiden (Schleiermacher a. a. O. § 54, 3; Strauss Bd. I S. 587), Gründe genug, den Willen nicht als Attribut Gottes aufzustellen.

55) Wie das arabische عالم umspannt das hebräische יודע Wissen und

Erkenntnissakte, mit dem wir Gott als den Schöpfer erfassen, erkennen wir jene drei Eigenschaften, mit dem Begriffe: Schöpfer werden wir zugleich ihrer uns bewusst. Von einem discursiven Erkennen dieser Eigenschaften, in dem wir Schritt vor Schritt eine nach der anderen etwa ermittelten, kann keine Rede sein, in der Einheit des Begriffes: Schöpfer steht mit Einem Schlage die Dreiheit seiner Eigenschaften vor unserer Seele. Wollen wir aber auch in lautlichem Ausdruck den Inhalt dieses Begriffes erschöpfen, dann müssen wir in drei verschiedene Worte ihn auseinanderlegen, wiewohl wir ihn jederzeit in seiner Einheit uns vorstellen. Ein deckendes Wort für diesen Begriff, das wir gleichsam bloss anzuschlagen hätten, um in der Seele des Hörers sofort den Dreiklang seiner Eigenschaften hervorzurufen, giebt es in der Sprache[56]) nicht. Es erst zu prägen, wäre aber, da es neu und unbekannt, doch immer erst durch die alten Worte erklärend umschrieben werden müsste, ein vergebliches Beginnen.

Es kann darum auch davon nicht die Rede sein, dass jedes dieser Attribute etwas Verschiedenes in dem Wesen Gottes bezeichne und dass sie also eine Zusammensetzung desselben begründen, denn nicht immer ein Anderes

---

Weisheit Gottes, die für die speculative Betrachtung in der That nicht zu trennen sind. Vgl. Schahrastâni, H. I. S. 98; Schleiermacher a. a. O. § 55, 1; Strauss a. a. O. Bd. I S. 565. Scharf spricht diesen Gedanken auch schon Augustinus aus: „Quamquam et in ipsis hominibus solet discerni a sapientia scientia, in Deo autem nimirum non sunt haec duo sed unum" (de div. qu. ad Simpl. II, 2. 3. s. bei Schleiermacher a. a. O. Anm. 5).

56) Man muss bei dieser Bemerkung die Thatsache sich gegenwärtig halten, dass in der That im Arabischen und Hebräischen das Wort Schöpfer, das jene von Saadja geforderte Bedingung zu erfüllen scheint, nicht absolut von Gott gebraucht wird. Von Interesse ist auch die Wahrnehmung, dass Saadja die Mehrheit der göttlichen Attribute nicht einem Mangel unseres Denkens, sondern allein unserer Sprache zur Last legt, im Gegensatze zur christlichen Dogmatik, die in ihr nur erblickt die „Folge der Schwäche unseres Erkenntnissvermögens, welches unfähig ist, das göttliche Wesen an ihm selbst in seiner inneren ungetheilten Einheit mit Einem Erkenntnissakte zu begreifen" (Strauss a. a. O. S. 540 nach Quenstedt, Anm. 47). Nach Saadja erkennen wir die Einheit Gottes in diesen Attributen jederzeit, müssen sie nur in der Sprache auseinanderlegen. Darnach ist Grätz' Darstellung (Geschichte der Juden, Bd. V S. 322) zu berichtigen.

wird mit jedem dieser Worte uns offenbar, sondern immer dasselbe, dass er Schöpfer ist. Worte, in denen immer der ganze Gottesbegriff zusammengefasst ist, die nicht Verschiedenes in seinem Wesen uns beschreiben, können darum unmöglich eine Theilung desselben begründen, seine Einheit nicht aufheben. Die Frage also, ob z. B. Gottes Weisheit identisch ist mit seinem Leben, auf die bei Mokammez geantwortet wird (הליכות קדם S. 76; Orient a. a. O. S. 631), existirt für Saadja[57]) nicht, da wir immer nur Gottes Wesen in seiner Einheit erkennen, Theile desselben aber nur scheinbar durch einen Mangel unserer Sprache zum Ausdruck gelangen. Mokammez sagt in diesem Falle: „Diese Bestimmungen sind der Bedeutung und dem Sinne nach von einander nicht geschieden, wenn sie dies auch dem Wortlaute und dem sprachlichen Ausdrucke nach sind."[58])

Wie sie aber unter sich nicht geschieden sind, so sind die Saadjanischen Attribute nicht vom Wesen Gottes verschieden[59]), sie bedeuten nicht Hinzufügungen zu dem-

---

[57]) Saadja begeht also nicht die Gewaltsamkeit, die aus Furcht vor Vermehrfachung Gottes Augustinus z. B. beging, „die göttlichen Eigenschaften als untereinander sowohl als mit dem göttlichen Wesen selbst identisch darzustellen" — et non est ibi aliud beatum esse et aliud magnum, aut sapientem, aut verum, aut bonum esse aut omnino ipsum esse (de trinit. VI, 7) — eine Methode, von der Strauss mit Recht sagt, sie „müsse die Eigenschaftsbegriffe als bestimmte und objective doch wieder aufheben; denn unter einer Gerechtigkeit, die dasselbe mit der Macht, oder einer Weisheit, die dasselbe mit der Ewigkeit sein soll, sind wir nicht mehr im Stande, uns etwas zu denken" (Strauss, Bd. I S. 538 Anm. 41 und S. 541). Als „bestimmte und objective" hat aber Saadja seine Eigenschaftsbegriffe nicht hinstellen wollen, wir kennen nach ihm nur das Eine Wesen Gottes, ihn trifft also der gleiche Vorwurf nicht.

58) אין אלו הענינים מתחלקין במטמנך ובדבר המובן מהם ואם הם מתחלקין במעניהם ובמוצא הגיונם מן הפה, vgl. die bereits angeführten Stellen in ה"ק und Orient.

59) Scharf drückt die beiden Seiten, nach denen die Attribute die Einheit Gottes gefährden können, Mosheim aus: „Si essentia dei vere differet ab attributis et si attributa realiter inter se differrent, Deus esset natura composita" (Theol. dogm. I. p. 232; vgl. Schleiermacher, § 50, 2 Anm. 1). Dass Saadja mit klarem Verständniss seine Attributenlehre nach diesen beiden Seiten gegen jeden Vorwurf sicher zu stellen bemüht war, haben wir somit aufs Deutlichste erkannt. Nur

selben, sind nicht ein zu ihm Hinzukommendes, bringen also weder Trennung in dasselbe, noch verändern sie es, indem sie es aufhören machen, ein- und dasselbe zu sein. Denn nicht etwa, als ob das Wesen Gottes bereits bekannt wäre und diese Bestimmungen nur neue Vollkommenheiten an ihm heranbrächten, unsere Erkenntniss vom Wesen Gottes bleibt vielmehr dieselbe, wird durch sie gar nicht erweitert. Indem wir den Begriff des Schöpfers im sprachlichen Ausdruck auseinanderlegen, bleibt sein Inhalt derselbe, wir gewinnen analytisch durch diese Zerfällung nur das aus ihm, was in ihm gelegen hatte, wir erhalten lauter identische Urtheile; Gott ist weise, bedeutet in anderer Form dasselbe, was: Gott ist Schöpfer.

Es ergiebt sich uns bereits aus der bisherigen Darstellung, dass es nach der Ansicht des Saadja eigentlich gar kein Attribut geben könne, das wir strenggenommen Gott beilegen könnten. Er sagt es auch einmal ganz ausdrücklich (II. 8; S. 61), dass wir, wollten wir in strengwahrem Ausdrucke von Gott sprechen, nur seine Wirklichkeit, sein Leben oder Sein (ישׁין) von ihm aussagen dürften. Saadja erscheint somit als „Läugner" der Attribute, folgt also, wenn wir nach verwandten Lehrmeinungen in den Kreisen des Islam uns umsehen, der Muʿtazila[60]). Die Läugnung

---

so begreift man den mit ואם יחשוב חושב „denkt aber jemand" beginnenden Absatz in seinem Fortschritt gegen den vorangehenden, mit ואל יחשוב חושב anhebenden, mit dem nur oberflächliche Betrachtung ihn identificiren könnte. Die Betonung des בעצמן תוספת = زيادة لذاته, dass mit den Attributen auch nichts zum Wesen Gottes Hinzukommendes ausgesprochen werde, beweist klar unsere Auffassung als die richtige. Wir brauchen daher nicht weiter auf eine Widerlegung der von Dr. Phil. Bloch in der Grätz'schen Mtsch. (1870 S. 407) aufgestellten Behauptung einzugehen, dass „von diesen beiden Problemen Saadja nur das erstere in ausführliche Erörterung gezogen habe. Dagegen ist er dem zweiten, wiewohl oder vielmehr gerade weil es einen tieferen speculativen Gehalt in sich birgt, fremd geblieben; ja er scheint sogar — worin natürlich nur Unverstand Grund zu einem Vorwurf für den Initiator der religionsphilosophischen Doktrin finden könnte — er scheint sogar nicht einmal den Ausgangspunkt jenes Problems genau erkannt zu haben." Wir werden auch diese Schlussbehauptung zu widerlegen Gelegenheit haben.

60) Wenn wir bisher in den Beweisen für die Weltschöpfung und die Einheit

der Attribute als ewiger Theile des göttlichen Wesens rechnet Schahrastâni „zu dem allgemeinen Glauben" der

Gottes Saadja dem Kalâm haben folgen sehen, den Maimuni uns von den Mutakallimûn überliefert hat, was freilich auch hier mit voller Selbstständigkeit von Saadja geschah, und nun einen Anhänger der mu'tazilitischen Lehre in ihm erblicken, so liegt darin kein Widerspruch. Noch sind wir in der Geschichte der arabischen Religionsphilosophie nicht so weit fortgeschritten, in jeder einzelnen Frage mit Klarheit entscheiden zu können, worin bei ihrer Beantwortung Mutakallimûn und Mu'taziliten auseinandergingen. Mutakallimûn war ursprünglich der gemeinsame Name derer, die eine gedankenmässige Behandlung der Grundwahrheiten des Islâm sich zur Aufgabe machten; erst eine spätere Zeit hat den Namen auf die orthodoxen Dogmatiker allein beschränkt und ihn so in schroffem Gegensatz den Mu'taziliten gegenübergestellt, vgl. Haarbrücker Schahr., Bd. II S. 388—392. Alles das, was Maimuni von der Lehre der Mutakallimûn uns berichtet, kann die Mu'tazila auch gelehrt haben, wenigstens stehen dieser Behauptung deutliche Beweise nicht entgegen, und Maimuni scheint sogar stillschweigend die Uebereinstimmung derselben angenommen zu haben, da er sonst nicht gerade bei einem untergeordneten Punkte die widersprechende Ansicht „einiger Mu'taziliten" اما بعضهم من المعتزلة (I. c. 73 VI) würde hervorgehoben haben. Selbst an der Stelle, wo Maimuni sie getrennt aufführt (Munk, Guide I. S. 336—337), hält er sie nicht scharf auseinander und setzt beiden die Ascharija gegenüber, die er nicht, wie irrthümlich Haarbrücker (a. a. O. S. 391) angiebt, mit der Mu'tazila identificirt. — Wenn Tâhir-al-Isfaraini (Haarbrücker, Bd. II S. 394) der Mu'tazila die Lehre von der Ewigkeit der Welt zuschreibt, so ist der Bericht, da sonstige Bestätigung uns dafür fehlt, bei der offenbaren Gehässigkeit des Darstellers nur mit Vorsicht aufzunehmen. — Wir thun also jedenfalls gut daran, um nicht noch unsererseits die Verwirrung zu steigern, die Lehrmeinungen mit denjenigen Namen zu belegen, die wir in den Quellen dafür angegeben finden, kalamistisch zu nennen, was Maimuni so nennt, und mu'tazilitisch, was wir unter diesem Namen bei Schahrastâni finden, ohne darum vorschnell, wenn wir auf diese Weise in einem Denker mu'tazilitische und kalamistische Lehren antreffen, mit dem Vorwurf der Halbheit und des unreifen Eklekticismus bei der Hand zu sein. Ehe nun zur Entwickelung dessen, was mu'tazilitisch an Saadjas Lehre ist, geschritten werden soll, mag hier noch Einiges, was wir in ihm nach den Quellen kalamistisch nennen müssen, seine Stelle finden. Von dem kalamistischen Charakter einiger unter den Beweisen der göttlichen Weltschöpfung und Einheit war bereits die Rede. Vgl. auch Munk, Notice sur Rabbi Saadja Gaon, p. 16—18. Wenn wir die Definition al-Îǵi's, die er in den Mevâkif (vgl. Pocock e, Specimen, p. 202) für die Wissenschaft des Kalâm giebt, mit dem vergleichen, was Saadja als Zweck seines Werkes angiebt, dann wird es uns wahrscheinlich, dass Saadja vom Kalâm sich habe leiten lassen. al-Îǵi nennt den Kalâm

علم يقتدر معه على اثبات العقائد الدينيّة بايراد الحجج ودفع الشبه

die Wissenschaft, durch die man in den Stand gesetzt wird, die religiösen Grundwahrheiten durch Herbeiziehung von Beweisen festzustellen und die Zweifel zu beseitigen. Saadja sagt: רב (האלהים יישרך) האיש המעיין בספר הזה כי

Mu'tazila und in der Aufzählung der von den Mu'taziliten allgemein angenommenen, aber in ihrer Weise aufgefassten göttlichen Attribute, deren Annahme mit deren Läugnung in der That gleichbedeutend war, bemerken wir nur die drei, auch von Saadja aufgestellten: lebend, wissend, mächtig[61]).

Sollen wir aber genauer angeben, welcher unter den zahlreichen Richtungen der Mu'tazila Saadja sich angeschlossen habe, so wird uns dies nur bis zu einem genügenden Grade von Wahrscheinlichkeit gelingen können. Nicht wie sein karäischer Zeitgenosse und Gegner, der Religionsphilosoph Josef al-Basir[62]) hat Saadja widerstandslos dem beherrschenden Einflusse einer bestimmten

---

אנחנו חוקרים ומעיינים בענייני תורתנו בשני ענינים האחד מהם סיתברר אצלנו בשכל מה שעמדנו עליו מנביאי האלהים במדע והשני שנשיב על כל מי שטוען עלינו בדבר מדברי תורתנו (Einleitung B. 6b; S. 14) „der Leser dieses Buches wisse, dass wir über die Gegenstände unserer Lehre darin nach zwei Seiten hin forschen und speculiren, einmal, damit uns vollständig klar werde, was wir aus der Schrift erkannt haben, und damit wir zweitens jeden, der gegen einen Punkt unserer Lehre etwas einwendet, zurückweisen." In der Begriffsbestimmung sowohl wie in der Benennung Gottes bemerken wir bei Saadja das Fehlen eines sonst so häufigen und in der That bezeichnenden Ausdrucks, das nur dann, wenn man an eine kalamistische Beziehung dabei denkt, seine Auffälligkeit verliert. Saadja nennt Gott nicht Ursache עלה, سبب الاسباب סבת הסבות, سبب סבה, علة, lauter Ausdrücke, die sonst so gewöhnlich sind, sondern immer יוצר den Schöpfer. Nun war es, wie Maimuni (I. c. 69) uns belehrt, im Kalâm streng verpönt, Gott Ursache zu nennen. وهاولا المشهورون بالمتكلمين يهربون من هذه الاسمية جدا ويسمونه الفاعل. Wir wissen jetzt, warum Saadja also Gott nur יוצר nennt. Ueber principielle Abweichungen des Saadja vom Kalâm vgl. Schmiedl a. a. O. S. 59—60.

61) فالذى يعم طائفة المعتزلة من الاعتقاد القول بان الله تعالى قديم والقدم اخص وصف ذاته ونفوا الصفات القديمة اصلا فقالوا هو عالم لذاته قادر لذاته حى لذاته لا بعلم وقدرة وحيوة هى صفات قديمة ومعانى قائمة به لانه لو شاركته الصفات فى القدم الذى هو اخص الوصف الالهية لشاركته فى الالهية Schabr. I. 30, Haarbr. I. 42. Der strengmu'tazilitische Charakter der Saadjanischen Attributenlehre geht hieraus klar hervor.

62) Vgl. Frankl, Ein mu'tazilitischer Kalâm aus dem 10. Jahrhundert S. 10 u. 28, wo Josef als treuer Anhänger der Bahschamija mit Recht hingestellt wird.

mu'tazilitischen Partei sich hingegeben, deren Lehren er ohne Abweichung knechtisch nachbetete, dass es uns dadurch ein Leichtes wäre, dieser bestimmten Partei mit Sicherheit sie zuzuschreiben. Aber wenn schon der mu'tazilitische Charakter dieser Saadjanischen Lehre näher bestimmt werden soll, so dürfte man nicht sehr fehl gehen, die Parteischattirung der Hudailîja daran zu erkennen. Diese Partei gehörte nicht zu den unbedeutenderen der Mu'tazila, vielmehr beweist die ungewöhnliche Häufung ehrenvoller Bezeichnungen, die von dem Urheber dieser Lehre, Abu-l Hudail al-'Allâf, bei Schahrastâni gegeben werden, welch grossen Ansehens und welch bedeutender Verbreitung sie sich müsse erfreut haben. Ein selbstständiger Denker, wie Abu-l Hudail es gewesen ist, ging auch in der Lehre von den göttlichen Eigenschaften seinen eigenen Weg. Er lehrt, „dass Gott allwissend durch das Wissen und das Wissen sein Wesen sei, allmächtig durch die Allmacht und die Allmacht sein Wesen, lebendig durch das Leben und das Leben sein Wesen sei; er entlehnte aber diese Meinung nur von den Philosophen, welche annehmen, dass sein Wesen Eines sei, in welchem in keiner Weise eine Mehrheit stattfinde, und die Eigenschaften nicht ausser seinem Wesen Begriffe wären, die in seinem Wesen beständen, sondern sein Wesen ausmachten und sich auf die Aufhebung der Beziehungen oder die untrennbaren Verbindungen reducirten"[63]). Wir erkennen

---

[63]) S. Haarbrücker I. 49; Schahr. I. 34. Diese Uebersetzung enthält gegen den Schluss der Stelle einige Ausdrücke, die dem Leser, der das Arabische nicht zur Hand hat, völlig räthselhaft klingen. Es heisst im Text: بل الصفات ليست وراء الذات معان قائمة بذاته بل هى ذاته وترجع الى السلوب او اللوازم. Die Schlussworte scheinen einfach so übersetzt werden zu müssen: „vielmehr sein Wesen sind und sich auf Negationen oder Relationen reduciren", d. h. auf Attribute der Negation und der Relation. اللوازم wird in den Mevâkif 336 von Gorgâni durch الاضافات wiedergeben. In der That folgt consequent aus Abu-l Hudails Lehre, dass er nur negative oder relative Wesensbestimmungen allein für zulässig halten könne. Schahrastâni will damit seine Uebereinstimmung mit den Philosophen noch näher erweisen, die, wie schon al-'Allâfs Zeitgenosse, al-Kindi (Munk, Mélanges 341, 1) nur negative Attribute annahmen.

bereits hierin den Kern der Saadjanischen Lehre: Es giebt für uns nur Ein Wesen Gottes, Weisheit, Macht und Leben sind nicht Theile, sind nicht Hinzufügungen desselben, sondern nur das Wesen selbst. Betrachten wir aber Saadja's Darstellung noch näher, so finden wir, dass er auf das gleichzeitige Erkennen dieser drei Eigenschaften oder des vollen Wesens einen ganz besonderen Nachdruck legt, wie wir glauben, nicht ohne Grund und tiefere Absicht.

Diese Lehre Abu-l Hudails ist in den erleuchteteren Kreisen der Muʿtazila zu durchschlagender Geltung gekommen und selbst die scharfsinnigsten Köpfe wie al-Ǵubâi und sein Sohn Abu Hâschim haben sie angenommen (Schahr. H. I. S. 83). Dass also in Gott seine Eigenschaften nicht objectiv verschieden sind, das stand fest. Ob wir sie aber subjectiv als verschiedene durch die Art unseres Denkens zu erkennen genöthigt sind, oder in ihrer Einheit sie erfassen können und sollen, darüber hat der Urheber, soweit wir über seine Lehre unterrichtet sind, nichts angegeben. In der Fortbildung dieser Lehre haben die Streitigkeiten auch diesen Punkt ergriffen. Abu Hâschim lehrte, dass die Eigenschaften, wie sie objectiv in Gott eine Einheit bilden, allerdings auch subjectiv mit seinem Wesen zugleich von uns gewusst werden, d. h. also, dass wir das Wesen ohne diese Eigenschaften uns nicht denken können. Nichtsdestoweniger erschienen aber bei einer begrifflichen Auffassung diese Attribute uns nicht identisch, und das, was wir unter dem einen verstünden, käme durchaus nicht dem gleich, was das andere uns bedeutete. Ausdrücklich berichtet uns darüber Schahrastâni: „Es sei also mit Nothwendigkeit klar, dass es Zustände seien, so dass das Allwissendsein des Allwissenden ein Zustand sei, nemlich eine Eigenschaft neben seinem Sein als Wesen, d. h. das, was von ihr gewusst, sei nicht das, was vom Wesen gewusst"[64]) werde, und ebenso stände es

---

64) فتتعيّن بالضرورة انها احوال فكون العالم عالماً حال هى صفةٌ وراه

um sein Sein als Allmächtiger und Lebendiger." Noch deutlicher: „Abu Hâschim aber nahm allwissend seinem Wesen nach in dem Sinne, dass ihm ein Zustand als eine Eigenschaft zukomme, die ausserdem[65]), dass er ein

كونه ذاتاً اى المفهوم منها غير المفهوم من الذات Schahr. I. 56; Haarbr. I. 84. Die Schlussworte sind streng wortgetreu so zu übersetzen: Was darunter, d. h. unter dem Wissen, verstanden werde, ist nicht das, was unter dem Wesen verstanden wird. Nicht umsonst hat Schahrastâni hier den Ausdruck فهم gebraucht; wenn ihn Haarbrücker mit „Wissen" wiedergiebt, so hat er damit die Schärfe des Sinnes verwischt. Gewusst wird eben kein einziges dieser Attribute besonders, sondern immer nur in Verbindung mit dem Wesen, wiewohl der Begriff, den wir mit jedem verbinden, ein besonderer ist.

(65) هى صفة معلومة وراء كونه ذاتاً موجوداً (ibid.). Wir dürfen uns an diesem Ausdruck nicht etwa in der Art stossen, als ob Schahrastâni hier von einer Eigenschaft spräche, die besonders „gewusst" werde. So ist es nicht! Er sagt bloss, und dazu ist er allerdings berechtigt, dass die Zustände oder Eigenschaften nur zusammen oder gleichzeitig „neben" oder „ausser" (وراء) dem Wesen, also z. B. Gottes Wissen ausser seinem Wesen, aber nur mit ihm zugleich, durchaus aber nicht besonders gewusst werden. In einer so subtilen Frage, wie es die Hâltheorie des Abu Hâschim ist, sollte der scharfe Unterschied, den Schahrastâni mit Recht auch im Ausdruck zwischen Erkennen, Verstehen فهم und Wissen علم einhält, von den Darstellern beibehalten und nicht amphibolisch Wissen im Sinne von Verstehen gebraucht werden. Steiner drückt sich also nicht klar und vorsichtig genug aus, wenn er von der Lehre des Abu Hâschim sagt (Die Mu'taziliten S. 82): „Wir müssen uns also das Wesen in verschiedenen Zuständen denken, die von uns als etwas Besonderes gewusst werden, an sich aber keine besonderen Eigenschaften sind." Gewusst werden sie von uns eben nicht besonders, sondern stets mit dem Wesen zusammen, verstanden oder dem Begriffe nach sind sie uns ein Besonderes. Es mag dies spitzfindig erscheinen, aber das lehrt Abu Hâschim und darum handelt es sich hier. Scharf drückt daher Josef al-Basir den Unterschied zwischen seiner, d. i. Abu Hâschims Lehre und der Kilâbija — einer Sekte der Sifâtija s. Schahr. II. I. 89 — aus, wenn er sagt, nach dieser gebe es von Gott דבר ידוע נבדל קיום (Frankl a. a. O. S. 54) ein getrenntes, d. h. besonders Gewusstes, was es nach Abu Hâschim eben nicht giebt. Frankl hätte daher auch besser übersetzt: Gott wird mit seinen Zuständen gewusst; „erkannt" (S. 30) können diese auch besonders werden. Unrichtig scheint es auch, wenn er sagt: „Diese Zustände als solche sind nichts Erkennbares", dann passte al-Basirs Begründung schlecht: אנו לא נאמר כי התואר ידוע כי לו היה ידוע בלא ספק כי לא יתכן מהיותם מצואים.. Was man weiss, muss existiren, was bloss begrifflich erkannt ist, braucht darum noch nicht zu sein. Al-Basir sagt vielmehr: wir sagen nicht, dass ein Attribut gewusst werde, denn würde [jedes von ihnen besonders] gewusst, dann müssten sie nothwendig existiren und nicht — vielleicht ist statt או zu lesen ולא אפסים — nichtexistiren. Die Richtigkeit dieser Auffassung lehrt am Deutlichsten Schahrastâni I. 57 Z. 7 v. u. und Haarbrücker I. 85 Z. 10 v. u.

existirendes Wesen sei, gewusst werde, aber die Eigenschaft werde nur dem Wesen gemäss, nicht in ihrer Besonderheit gewusst; er nahm also Zustände als Eigenschaften an, die nicht existiren und nicht gewusst werden und nicht nicht-gewusst werden, d. h. sie für sich werden nicht als solche gewusst, sondern mit dem Wesen zusammen" (Haarbr. Bd. I S. 83). Saadja hat darum das gleichzeitige Erkennen der drei Eigenschaften mit besonderem Nachdruck hervorgehoben, weil er dadurch auch den letzten Rest von Mehrfachheit, der für unser subjectives Erkennen auch nach Abu Hâschim übrig bleibt, glaubte beseitigen zu können. Er betont darum auch, dass wir immer nur mit diesen drei Eigenschaften ein Identisches[66]) aussagen, das die drei verschiedenen Ausdrücke nur wiederholen.

Eine klare Darstellung dieser Attributenlehre, die alle Vollkommenheiten in dem Sein begründet sein lässt, der aber die allerdings mehr behauptete als bewiesene Annahme des Saadja, es seien alle diese Eigenschaften selbst dem Begriffe nach identisch, fehlt, hat der Dichter Dschami[67]) als Lehre der Philosophen uns hinterlassen, unter denen er aber offenbar die Muʿtazila versteht. Die Philosophen sagen, so berichtet er, „dass seine [Gottes] Eigenschaften wesentlich sind, und zwar nicht in dem Sinne, dass dort das Sein sei und an diesem eine Eigenschaft, und beide vereinigt sind die Realität Gottes, oder, wie man es auch ausdrückt, nicht dass sein Sein geordnet ist, insofern ein Ordnen bei ihm stattfindet, aus Wesen und Eigenschaft zugleich, wie etwa, wenn wir sagen wollten, sein Sein reicht nicht hin, um ihm ein Wissen von

---

66) Scharfsinnig hatte der Urheber des orthodoxen Kalâm, al-Aschʿari gerade aus dem Vorhandensein verschiedener Ausdrücke die Realität verschiedener, ihnen entsprechender Eigenschaftsbegriffe abgeleitet, weil der Verstand, wo es verschiedene Ausdrücke gebe, verschiedene Begriffe setze, bei dem Mangel an klarer Vorstellung Ausdrücke aber überhaupt nicht vorhanden seien. Das ist der Sinn der dunkeln Stelle im Schahrastâni I. S. 67 Z. 1; Haarbrücker I. 99 Z. 7 v. u.

67) S. Tholuck, die speculative Trinitätslehre des späteren Orients S. 5—9, dessen Uebersetzung wir hier geben.

den Dingen zu verleihen, dazu bedarf er der Eigenschaft des Wissens, die an ihm vorhanden ist. Vielmehr verhält sich die Sache so: Gott weiss alle Dinge durch sein Sein, in dieser Hinsicht ist sein Sein das Wesen des Wissens. Ebenso verhält es sich mit der Macht. Sein Sein nemlich wirkt nach aussen durch sich selbst, nicht durch irgend eine hinzukommende Eigenschaft, wie dies bei unseren Wesenheiten der Fall ist, darum ist denn auch sein Wesen gleich seiner Macht. So sind demnach Wesen und Eigenschaften in ihm der Sache nach eins und nur der Betrachtung[68]) und dem Begriff nach verschieden." Die Behauptung der Einheit trotz der scheinbaren Vielheit, das ist der Grundcharakter dieser Bemühungen.

Trotz der drei Eigenschaften doch nur Ein Wesen, also Dreieinigkeit, riefen die Gegner, da seid ihr vor lauter Anstrengung, die Einheit zu retten, in die christliche Trinität hineingerathen. Der Asch'arit Schahrastâni bemerkt bereits in der Darstellung der Lehre des Abu-l Hudail, seine Eigenschaften seien „an sich selbst die Personen der Christen" (Haarbr. Bd. I 49). Er nennt auch die christliche Sekte der Nastûrîja, die von Gott behauptete, dass er Einer sei mit drei Personen, die weder zu seinem Wesen hinzukämen, noch auch er seien, die christliche Muʻtazila (ib. 265). Und doch behauptete die Muʻtazila gerade aus Furcht[69]) vor den Personen der Christen die Läugnung der Attribute so streng durchgeführt zu haben[70]). Die Befürchtung also, man könne auch

---

[68]) فى الاعتبار والمفهوم richtiger: dem Sinne und der Bedeutung nach.

[69]) Vgl. Pococke a. a. O. S. 18: فالذى يعمّهم من الاعتقاد القول بنفى الصفات القديمة عن ذات البارى تعالى هربًا من اقانيم النصارى.

[70]) Josef al-Baṣir, der strenge Muʻtazilit, behauptet auch in der That gerade von der orthodoxen Ṣifâtija, ihre Lehre von den Attributen sei der christlichen von den εἰκόνες gleich. So scheinen also Muʻtazila und Ṣifâtija den Vorwurf der Trinität sich gegenseitig zugeschleudert zu haben, vgl. Frankl a. a. O. 15, 28 u. 52; Munk, Guide I. 181, 1.

gegen seine Lehre diesen Vorwurf, in die Trinität verfallen zu sein, erheben, musste den Saadja bestimmen, näher auf diese Lehre einzugehen[71]), um eben jede Gemeinschaft oder Verwandtschaft mit ihr entschieden zurückzuweisen.

„Ich bemerke nunmehr, dass in diesem Kapitel die Christen sich geirrt haben", so beginnt Saadja (B. II. 5; S. 53) seine Widerlegung der Trinität, „indem sie in ihm [Gott] ein von ihm Verschiedenes annahmen, was sie dahin brachte, dass sie ihn zu dreien machten und in eine Religionswidrigkeit verfielen. Ich behaupte nun, dass es wider sie von Seiten der Speculation eine Widerlegung gebe, möge der wahrhaft Eine mir darin helfen. Ich habe mit dieser meiner Widerlegung nicht den gemeinen Haufen im Auge, der von einer grobsinnlichen Trinität allein Etwas weiss, mit dessen Widerlegung will ich mein Buch nicht belasten, da sie ja klar und leicht ist, will vielmehr die Denker unter ihnen widerlegen, die sich einbilden, in tiefspeculativer und subtiler Erkenntniss an eine Dreiheit zu glauben. Diese sind nemlich zu den genannten Attributen gekommen und haben sich daran angeklammert, indem sie sagten, es kann doch nur ein Weises, Lebendes Schöpfer sein, glaubten also, dass Leben und Weisheit zwei von seinem Wesen verschiedene Dinge seien, so dass sie also [mit diesem] bei ihnen zu dreien wurden. Was die Widerlegung vor Allem klarzustellen hat, ist das, dass sie diesen [dreieinigen Gott] sich entweder körperlich oder unkörperlich denken müssen. Denken sie sich ihn

---

[71] An den Schluss der Darstellung der Attributenlehre scheint im mu'tazilitischen Kalâm gewöhnlich die Polemik gegen Dualismus, Trinität u. s. w. gestellt worden zu sein, wie wir aus dem Muster eines mu'tazilitischen Kalâm bei Josef al-Baṣir (vgl. Frankl a. a. O. S. 28) entnehmen können. Auch der jüdische Mu'tazilit David al-Mokammez (s. קדם הלימות S. 76; Orient 1847 S. 632) beschliesst seine Attributenlehre, die auch bei ihm wie· bei Josef den Schluss des „Einheitsbekenntnisses" bildet, mit· der Bekämpfung der Trinität und der Dualisten. Saadja folgt also auch hierin der Mu'tazila.

körperlich, dann irren sie wie die Dummen des gemeinen Haufens und werden damit von all den Einwänden getroffen, die wir wider alle Verleiblicher Gottes erhoben haben. Denken sie sich ihn aber unkörperlich, so behaupten sie mit der Behauptung, es finde in ihm Verschiedenheit statt, so dass ein Attribut nicht das andere sei, in der That Körperlichkeit, nur dass sie anderer Ausdrücke sich dabei bedienen, da ja dasjenige, worin Verschiedenheit stattfindet, ganz ohne Zweifel Körper sein muss. Wir haben aber bereits ausgeführt, dass unsere drei Bestimmungen nur Ein Attribut ausmachen, nur könne man sie sprachlich nicht mit Einem Worte, zusammenfassen, wie sie gedanklich die Erkenntniss zusammenfassen kann. Es verhält sich damit gerade so[72]), wie wenn einer sagte, er bete nicht das Feuer an, sondern ein Brennendes, Leuchtendes, aufwärts Steigendes, was aber in Wahrheit eben das Feuer ist. Wir wollen sie nunmehr zu dem ausdrücklichen Geständniss zwingen, dass er ein Körper ist; verweigern sie aber dieses mit der Behauptung: Er kann doch unmöglich ein Körper sein, weil jeder Körper geschaffen ist, dann dürfen sie auch nicht behaupten, sein Leben und seine Weisheit seien ein von ihm Verschiedenes, weil auch Alles, was sein Leben als ein von sich Verschiedenes enthält, geschaffen ist. Diese, lieber Leser, haben die Arten der Beweisführung übersehen. Wir, die Gemeinschaft der Einheitsbekenner, glauben, dass das Leben des Menschen ein von ihm Verschiedenes ist. Indem wir nemlich sehen, dass er einmal lebt, einmal todt ist, er-

---

72) Saadja will hier offenbar sagen, dass die Verschiedenheit der Ausdrücke die Einheit des durch sie bezeichneten Begriffes nicht aufhebe. Wir finden denselben Gedanken bei al-Mokammez an einem anderen Beispiele dargelegt: ויש מדין מתחלקין במעניהם ואם לא נתחלקו בעניניהם כגון האומר על הנפש שהוא דבר חלוצי רוחני לא מפני מאינו היא הדבר החיוצי והרוחני אבל היא בנופה ובעינה (a. a. O. 76; Orient 631) „Es giebt verschiedene Ausdrücke, denen nicht auch verschiedene Begriffe entsprechen. So z. B. sagt einer von der Seele, sie sei ein formales, geistiges Wesen, nicht etwa, weil formales und geistiges Wesen nicht dasselbe wären, sind sie doch dem Wesen und dem Begriffe nach durchaus Eins." Ganz ebenso, sagt auch al-Mokammez, bleibe die Einheit Gottes bestehen trotz seiner vielen Benennungen.

kennen wir daraus, dass in ihm Etwas sein muss, wodurch er lebt, bei dessen Entfernung er aber todt wird. Ebenso, wenn wir wahrnehmen, dass er einmal wissend, einmal unwissend ist, erkennen wir daraus, dass in ihm Etwas sein muss, wodurch er wissend, bei dessen Entfernung aber unwissend wird. Würden wir aber diese beiden Bestimmungen nicht dergestalt beim Menschen wahrgenommen haben, so hätten wir geglaubt, der Mensch sei lebend und weise seinem Wesen nach. Da es nun beim Schöpfer von Allem unmöglich eine Zeit geben kann, in der er nicht lebend, nicht weise wäre, wie wir beim Menschen dies finden, so muss er nothwendig seinem Wesen nach lebend, seinem Wesen nach weise[73]) sein; die Ansicht, der jene sich zugewandt haben, ist also von Grund aus falsch. Sie haben aber obendrein nicht einmal vollständig aufgezählt, was ihrer Ansicht nach dieser ihr [Gottes-]Begriff haben müsste, indem sie nur Wesen, Leben und Weisheit angeben, Macht aber und ebenso Hören und Sehen von ihm anzugeben unterlassen. Sollte ihnen aber die Bestimmung: Lebend die Bestimmung: Mächtig und die Bestimmung: Weise die Bestimmungen: Hörend und Sehend entbehrlich[74]) erscheinen lassen, dann müsste ihnen die Bestimmung: Weise auch die Bestimmung: Lebend entbehrlich erscheinen lassen, da ja nur ein Lebender weise sein kann. Daraus siehst du also, dass sie selbst in dieser ihrer Ansicht nicht der Speculation gefolgt sind, sondern nur vorschnell[75]) diese Behauptung aufgestellt haben, entsprechend dem, was ihnen vorgetragen wird. Ich will übrigens noch bemerken, dass, wenn in seinem Wesen irgend eine Verschiedenheit einmal für möglich gehalten

---

73) Dieselbe Beweisführung für den Satz, dass Gottes Wissen in seinem Wesen begründet sei, nicht erst einer Ursache zu seiner Existenz bedürfe, wie das menschliche, findet sich bei Josef al-Baṣir. Vgl. Frankl a. a. O. 29 und den Text S. 54.

74) מן מסטיק ist das arabische مغنٍ عن überflüssig, entbehrlich machend.

75) Wörtlich: sondern nur in dieser Sache sich übereilt haben, um darin da Halt zu machen, wie es ihnen gesagt würde. D. h. sie haben gerade diese drei Attribute zur Hypostasirung verwendet, weil es nun einmal drei sein mussten.

wird, dann alle Verschiedenheit[76]) überhaupt müsste möglich sein. Denn die Speculation geht immer nur auf das Allgemeine der Dinge, auf ihre Gattungen, nicht auf das Einzelne und Besondere unter ihnen. Glaubten also Jene, von der Speculation einen Beweis erbracht zu haben, so haben wir den Widersinn der Ansicht, der sie sich zugewandt haben, bereits genügend klar gemacht."

Wir erfahren also zunächst aus dieser Darstellung des Saadja, dass die christlichen Religionsphilosophen, deren Lehren er kannte, die Trinität aus der Hypostasirung göttlicher Attribute, und zwar des Wesens, Lebens und Wissens construirten. Diese Angabe entspricht nun keiner einzigen[77]) der Auffassungen, die im geschichtlichen Verlaufe über die Trinität in der Kirche zu Tage getreten sind, lassen sich wenigstens aus den in den Handbüchern der Dogmengeschichte geläufigen Darstellungen durchaus nicht

---

[76] Saadja meint, mit der Annahme einer Verschiedenheit in Gott, und erstreckte sie sich selbst nur auf diese drei Attribute oder Personen, sei der Annahme einer beliebigen Zahl von Verschiedenheiten, da die Möglichkeit der Verschiedenheit im Princip zugegeben sei, Thür und Thor geöffnet, man könnte mit ebensoviel Recht dann Vier-, Fünfeinheit u. s. w. annehmen.

[77] Diese Incongruenz der Saadjanischen Angaben mit dem bei den Kirchenvätern darüber Geäusserten hat mir auf mein Befragen auch Herr Professor Reuter in Breslau bestätigt. Herr Professor Delitzsch in Leipzig hatte die Güte, mir darüber Folgendes mitzutheilen: „So viel ich sehe, hat Saadja II, 23 [der Fürst-schen Uebersetzung] die augustinische Trinitätslehre im Sinn: Wesen = memoria, Allweisheit = intelligentia, Lebendigkeit = voluntas. Auch Gregor von Nyssa nähert sich der von Saadja gemeinten Construktion: ψυχὴ λογικὴ, λόγος, πνεῦμα ζωτικόν, Seele, Vernunft und Lebenskraft (Tom. I p. 862)." Die Construction des Gregor von Nyssa bezeichnet Herr Professor Delitzsch selbst als eine der Saadjanischen sich nur nähernde, die des Augustinus kann, wie ich glaube, nicht einmal als solche bezeichnet werden. Zunächst ist der Umstand nicht zu übersehen, dass Augustinus durchaus nur ein Bild geben wollte, sich aber ausdrücklich verwahrte, das innere, wahre Verhältniss der drei Personen in der Gottheit mit diesem Bilde (imago) bezeichnen zu wollen (de trinit. XIV, 11; XV, 39; XV, 44), während die von Saadja uns berichtete Auffassung nicht bloss ein Bild gebrauchen will. Wiewohl ferner die voluntas bei Augustinus dem heiligen Geiste entspricht (so de trin. XI, 9), so kann sie mit dem Leben, das bei Saadja hypostasirt wird, doch nicht ohne Weiteres identificirt werden, da ein Anhaltspunkt im Augustinus dafür nicht vorhanden zu sein scheint. Als Grundunterschied aber ist festzuhalten, dass bei jenem von Hypostasen, bei Gregor und Augustinus aber davon durchaus nicht die Rede ist. Vgl. Baur, die christliche Lehre von der Dreieinigkeit I. 868—877 und Hagenbach a. a. O. S. 218.

nachweisen oder berichtigen. Die Wahrheit der Angabe kann aber, selbst ohne anderweitige Beweisbarkeit, schon der ruhig berichtenden, verglichen mit der Polterhaftigkeit der Araber, wahrhaft wissenschaftlichen Darstellung wegen nicht angezweifelt werden. In der That kann aber ihre Richtigkeit auch nachgewiesen werden, und durch die sogleich beizubringenden Belege wird uns sogar die Darstellung erst recht klar und verständlich, da Saadja seine gewöhnliche Kürze auch hier einhält.

Schahrastâni (H. I. S. 260) berichtet uns als allgemein angenommene Lehre der Christen: „Sie [die Substanz des Schöpfers] ist Eines der Substanzialität nach, aber drei der Persönlichkeit nach, und unter den Personen verstehen sie die Attribute, wie die Existenz, das Leben[78]) und das Wissen, den Vater, den Sohn und den heiligen Geist, und nur das Wissen habe den Körper wie einen Panzer angezogen, nicht die übrigen Personen." Wir haben hier also die deutlichste Bestätigung und Ergänzung des Saadjanischen Berichtes. Aber auch in der Widerlegung dieser Lehre bei Saadja werden wir durch Vergleichung mit anderweitigen Darstellungen manches verständlicher und historisch begründet finden, was uns

---

78) Der Reihenfolge des Textes gemäss müsste das Leben die Hypostase des Sohnes sein, was anderweitigen Angaben deutlich widerspricht. So berichtet uns al-Mokammez: רזהו טעות הנוצרים מאומרים על הקב"ה שהוא חי בחיים (a. a. O. S. 75; Orient 622) „das ist der Irrthum der Christen, dass sie von Gott aussagen, er lebe durch das Leben, was der ‚heilige Geist' ist, und er sei wissend durch Wissen, was das Wort ist, das sie Sohn nennen." Das Wissen ist demnach die Hypostase des Sohnes, nicht das Leben. Schahrastâni selbst berichtet uns von der Malkâija dasselbe (H. I. 263): „Sie verstehen unter dem Worte die Person des (göttlichen) Wissens und unter dem heiligen Geiste die Person des Lebens, aber sie nennen das Wissen, bevor es jene nicht angezogen, nicht Sohn, sondern der Messias mit dem, was er angezogen hat, ist der Sohn." Auch von Nestorius berichtet Schahrastâni (H. I. 265): „Er behauptete, dass Gott Einer sei mit drei Personen, der Existenz, dem Wissen und dem Leben", in welcher Reihenfolge das Wissen vor dem Leben erscheint. Aus allen diesen Anführungen geht also mit Sicherheit hervor, dass die Angabe des Saadja richtig und dahin zu präcisiren sei, dass der Sohn das Wissen, der heilige Geist das Leben sei. In der im Text angeführten Stelle aus Schahrastâni ist also die Reihenfolge zu ändern und كالوجود والعلم والحيوة (Schahrastâni I. 172) zu lesen.

ohne diese bloss als willkürliche Einwendung erscheinen möchte.

Von Nestorius, dem Stifter der Nastûrîja [79]), berichtet Schahrastâni (H. I. S. 266): „Seine Auseinandersetzung kam am Ende auf die Annahme zurück, dass Gott existirend, lebend und vernünftig sei, wie es die Philosophen in Betreff des Menschen annehmen, nur dass diese Begriffe beim Menschen verschieden sind, weil er zusammengesetzt ist, jener aber eine einfache, nicht zusammengesetzte Substanz ausmacht." Wir erfahren hieraus, dass die vom Menschen hergenommene Eintheilung seines Wesens in die Bestimmungen: existirend, lebend und vernünftig von den christlichen Dogmatikern zur Construktion der Trinität benutzt wurde. Sie glaubten, weil sie es in Gott mit einer einfachen Substanz zu thun hätten, dass diese Attribute oder Personen darum in ihm keine Verschiedenheit begründeten. Gerade hierin findet Saadja den sichersten Angriffspunkt[80])! Beim Menschen, führt er aus, könne man das Ausserihmsein der sogenannten Eigenschaften wahrnehmen, weil er eben ein zusammengesetzter Körper ist, bei Gott aber müsse, wie aus seinem Begriffe folgt, jede Eigenschaft sein

---

[79] Die Berichte Schahrastânis über die Lehre der Nestorianer machen es unzweifelhaft, dass er in der That die Anhänger des Nestorius im Auge hatte Geburt, Leiden, Kreuzigung des Messias hatten jene nur auf die Seite der Menschheit im Sohne bezogen (vgl. Baur a. a. O. I. 727—732). Wenn also Schahrastâni von Nestorius, der um 430 lebte, sagt: „welcher in der Zeit al-Mamuns auftrat", so bleibt seine Nachricht immerhin auf den bekannten Patriarchen von Konstantinopel zu beziehen, nur ist Schahrastâni über die chronologische Angabe im Irrthum.

[80] Es erklären sich hieraus Saadja's Worte: ואלה ירחמך האל סכלו אופני הבאת הראיה (B. II. 5; S. 54), die nothwendig zum Folgenden gezogen werden müssen. Saadja sagt, diese haben die Art der Beweisführung übersehen, indem sie aus der Thatsache von Gottes einfacher Substanz nur deren Untheilbarkeit, nicht aber die consequent sich daraus ergebende Unmöglichkeit der Annahme abtrennbarer, neben dem Wesen einhergehender Attribute oder Personen ableiten wollen. Auch wird es dadurch erst verständlich, wozu Saadja für die Behauptung, der Mensch lebe durch sein Leben, wisse durch sein Wissen, die Einleitung gebraucht: Wir Einheitsbekenner glauben u. s. w. Er wollte damit den Gegensatz zwischen Juden und Christen hervorheben, indem jene Leben und Wissen nur im Menschen als zum Wesen hinzukommend betrachten, diese aber selbst in Gott diese vom Menschen hergenommene Unterscheidung glauben annehmen zu dürfen, weil, wie sie sagen, Gott eben eine einfache Substanz sei.

Wesen sein, könne also nicht hypostasirt und zu einer Person individualisirt werden. Denselben Vorwurf einseitiger Auffassung der Transcendenz Gottes finden wir in anderer Form bei al-Mokammez als Widerlegung der Trinität ausgeführt. Er sagt: „Zu den Christen sagen wir Folgendes: Behauptet Ihr, ein Lebendsein ohne das Leben, ein Wissendsein ohne das Wissen sei völlig unmöglich, und nur ein Lebendsein durch das Leben und ein Wissendsein durch das Wissen könne es geben, wie wir dies bei den Lebenden und Wissenden dieser Welt wahrnehmen, dann müsstet Ihr auch behaupten, ein Leben, das nie vom Tode, ein Erinnern, das nie vom Vergessen, ein Wissen, das nie von Unwissenheit betroffen wird, sei völlig unmöglich, weil wir ja auch dies im Leben wahrnehmen. Geben sie uns nun diesen Einwand zu, dann sagen sie von ihrem Herrn aus, er lebe ein Leben, das dem Tode anheimfallen, er wisse ein Wissen, das die Unwissenheit erreichen kann. Geben sie uns aber diesen Einwand nicht zu und behaupten, so verhalte sich die Sache nicht, denn, wenn wir auch in diesem Leben nur ein Lebendsein durch Leben und ein Wissendsein durch Wissen wahrnehmen, das der Tod erreicht und das Vergessen trifft, so braucht unseres Gottes Wissen und Leben darum noch nicht so beschaffen zu sein; vielmehr bezeugen Ueberlegung und Erkenntniss, dass es ausser dieser Welt ein Lebendsein durch Leben giebt, das der Tod nicht erreicht, und ein Wissendsein durch Wissen, das keine Unwissenheit trifft, und das ist eben der Schöpfer, gepriesen sei sein Name, dann wenden wir ihnen Folgendes ein: Nach dieser Euerer Behauptung könnten wir sagen: Obgleich wir in dieser Welt nur ein Wissendsein durch Wissen und ein Lebendsein durch Leben finden, so finden wir doch durch Ueberlegung und Erkenntniss, dass es ausser dieser Welt ein Lebendsein ohne das Leben [als Ursache], ein Wissendsein ohne das Wissen gebe, und das ist eben Gott, gepriesen sei sein Name[81]). Dawider giebt es keine

---

81) Diese Beweisführung war im Kreise der Mu'tazila die gewöhnliche. Han-

Widerlegung" (a. a. O. 77; Orient 632). Während Saadja auf die strenge Durchführung des Begriffes von der göttlichen Transcendenz dringt, führt al-Mokammez die Gegner dadurch ad absurdum, dass er die Consequenz nachweist, welche die Annahme auch nur irgend eines Restes von Anthropomorphismus im Gottesbegriff nach sich zöge.

Auch der zweite Einwand, den Saadja gegen die Lehre der Trinität erhebt, wird uns durch eine Angabe Schahrastânis in seiner Grundlage und Bedeutung verständlicher. In seinem Berichte über die Nastûrîja bemerkt er (H. I. 266): „Einige von ihnen nehmen für Gott noch andere Attribute an, die der Macht, dem Willen und anderen der Art entsprechen, setzen diese aber nicht als Personen, wie sie das Leben und das Wissen als zwei Personen setzen." Was Schahrastâni hier in der Form ruhiger Berichterstattung vorbringt, dass sie eben nicht alle Attribute, die sie annehmen, auch zu Personen hypostasiren, daraus leitet Saadja einen direkten Einwurf gegen die Annahme der Trinität ab, indem er die Frage aufwirft, warum nicht Macht, Sehen und Hören ebenso als Person in Gott gesetzt werden, wie Wesen, Leben und Wissen.

Der Widerlegung des Vernunftbeweises, den die Christen für die Trinität aufstellen, lässt Saadja die ihrer Beweise aus der Schrift [82]) folgen. Aus Stellen wie 2 Sam.

---

delte es sich doch für sie darum, die Annahme göttlicher Attribute als eine Herabziehung Gottes in die Sphäre des Menschlichen, Endlichen darzuthun. Josef al-Basir sagt gegen die Sifâtija: „Bei uns Menschen mussten wir ein Wissen als Ursache unseres Wissens voraussetzen, weil wir auch aufhören können, Wissende zu sein, und weil unser Prädikat, als etwas in der Endlichkeit Entstandenes, einer Ursache seines Entstehens bedarf, während Gott als ein von Ewigkeit her Wissender natürlich auch ohne Ursache es sein muss" (Frankl a. a. O. 29, Text S. 54). Der Mu'tazila galt Annahme von Attributen mit Annahme von Personen in der Gottheit für identisch, die Einwände gegen jene konnten also ohne Weiteres wider diese gekehrt werden. Darum pflegten die orthodoxen Mutakallimûn, um dem Vorwurf der Mu'tazila, sie verfielen in trinitarische Vorstellungen, die Spitze abzubrechen, in ihrer Attributenlehre zu betonen, dass sie Hypostasen in Gott nicht annahmen (Schmölders a. a. O. S. 187).

82) Es ist hier nicht der Ort, auf diesen mehr exegetischen Theil der Saadjanischen Darstellung in gleicher Weise, wie auf den philosophischen, einzugehen

23, 2, wo Geist und Wort Gottes neben einander angeführt werden, scheint die Wahrheit des Sohnes-Wortes (λόγος) und des heiligen Geistes bewiesen worden zu sein. Saadja aber versteht unter Geist und Wort geschaffene Dinge, oder genauer „die einzelnen Worte[83]), die der Schöpfer seinen Propheten in den Mund gelegt hat" (B. II. 5; S. 55). Auch wissen wir aus Schriftstellen, wie Ps. 24, 4, dass die Schrift den Namen Gottes durch „Seele" ausdrückt. Seele und Geist sind aber bei den Geschöpfen dasselbe, es muss also wie „Seele" auch „Geist" Namen bedeuten, der hier wiederum ein Ausdruck ist für Weissagung und Prophetie; die Erbringer dieses Beweises haben also damit nur „ihre geringen hebräischen Kenntnisse bekundet". Das Gleiche verrathen sie mit Beweisen, in denen sie aus Ausdrücken der Schrift, die von dem Schaffen des göttlichen Geistes und Wortes sprechen, die Hypostasirung derselben aus der Schrift begründen wollen. „Die Schrift meint aber, wenn sie sagt, der Schöpfer habe die Dinge durch den Befehl, sein Wort, sein Verlangen oder Wollen geschaffen, er habe sie mit zweckbewusster Absicht, nicht vergeblich, nicht verfehlt und nicht gezwungen hervorgebracht[84]), wie sie mit dem Ausdruck, er habe sie durch sein Wort, den Hauch seines Mundes, seinen Ausspruch oder Anruf geschaffen, nur sagen will, er habe sie auf einmal, nicht in räumlicher oder zeitlicher Folge, nicht nach Theilen geschaffen."

---

doch verdiente auch dieser Theil genauere Untersuchung wegen der interessanten Proben christlicher Schriftdeutung, die darin enthalten sind und deren Quellen durch Vergleichung der Kirchenschriftsteller zu ermitteln wären. Hier geht es sogar aus dem Wortlaute bei Saadja deutlicher als sonst hervor, dass er aus Büchern diese Ansichten erfahren habe.

83) Eine ähnliche Aeusserung wird uns von al-Asch'ari überliefert: „Die Ausdrücke aber und Worte, welche vermittelst der Zungen der Engel auf die Propheten herabgesandt sind, sind Hinweisungen auf das ewige Wort, und die Hinweisung ist geschaffen, in der Zeit hervorgebracht, das, worauf hingewiesen wird, ist von Ewigkeit her, ohne Anfang" (Schahr. H. I. 101).

84) Hajjât, der Mu'tazilit von Bagdad, lehrt das Gleiche: „Wenn im Allgemeinen von ihm ausgesagt wird, dass er wollend sei, so sei der Sinn hiervon,

Uebrigens hätten sie auf diese Weise auch die Ausdrücke der Schrift, wie Hand, Auge, Ehre, Zorn, Erbarmen Gottes, fassen müssen[85]), so dass jede dieser Bestimmungen und die ihnen ähnlichen ihnen hätten Bestimmungen sein müssen, die zu Geist und Wort hinzukommen, da doch einer jeden derselben eine besondere Thätigkeit zugeschrieben wird, wie diese beiden sie haben. Doch sind für uns, lieber Leser, diese und ähnliche Wendungen nur metaphorische Ausdrücke und Erweiterungen [86]), durch welche die Sprache erweitert wird, die aber jede nur eine Näherbringung [87]) und Erleichterung des Verständnisses bezwecken." „Ich fand auch Einige, die aus dem Verse (Prov. 8, 22): Der Ewige schuf mich als den Anfang seines Werkes, folgern, der Schöpfer habe ein ewiges, ungeschaffenes Wort [88]) (λόγος), doch habe ich das hierher Gehörige bereits in der Widerlegung der Atomistik angeführt (B. 1. 4, 10b; S. 27—28) und nachgewiesen, dass bei Gott קני Schöpfung bedeute und von der Eigenschaft

---

dass er wissend, mächtig, nicht wider seinen Willen gezwungen in seinem Thun sei oder nicht widerstrebend" (Schahr. H. I. 79).

85) In der Berliner Ausgabe fehlen hier folgende, in den älteren Ausgaben vorkommenden Worte: ויהיה כל אחד מאלו העניינים והדומה להם מדות אחרות נוספות על הרוח והגולה ניסי שלכלם פעל מיחם להם כאשר להם העברות (1. אצלינו) פעל מיחם ואלה ייסירך האל והחמה להם אצלם. Nur die letzten Worte dieser Stelle erscheinen auch in der Berliner Ausgabe, aber corrupt, nur heisst es hier richtig, wie auch in der Leipziger, אצלנו statt des sinnlosen אצלם.

86) Diese Ansicht, dass die Sprache durch solche Metaphern eine Erweiterung erfahre, ist echt saadjanisch und wird später noch weiter von ihm ausgeführt. Der Ausdruck הרחבות ברחבה בהם הלשון könnte auch durch „Freiheiten, die die Sprache sich erlaubt" wiedergegeben werden, wie das arabische توسع — vgl. z. B. Alfijjah ed. Dieterici S. 80 Z. 5 v. u. — auch „sich Freiheiten nehmen" bedeutet.

87) הקדבה, das am Schlusse des zweiten Abschnitts S. 70 in Verbindung mit העברה steht, soll einen figürlichen Ausdruck bezeichnen, der das Verständniss einer Sache erleichtert.

88) מלה = λόγος, wie auch die Araber den Begriff mit الكلمة wiedergeben, vgl. Schahrastāni I, 173, 176; cf. syr. ܡܠܬܐ. al-Mokammez hat dafür מאמר so a. a. O. S. 75; Orient 622: וחכם בחכמה סהיא המאמר. Auch er lässt die Christen Ewigkeit des λόγος annehmen.

gezeigt, dass es die Weisheit sei. Die Schrift meint aber damit nicht, dass er mittels eines Werkzeugs[89]) und zwar der Weisheit die Dinge geschaffen habe, sondern nur, dass er sie zweckentsprechend gebildet habe, so dass der Beobachter daraus erkennen kann, es habe ein Weiser sie geschaffen." Auch aus Gen. 1, 26[90]) und 18, 1—2 sei ein Beweis für die Wahrheit der Trinität nicht zu erbringen, da die vermeintlichen Anhaltspunkte für den Kenner des Hebräischen einer nach dem anderen wegfallen.

Wenn schon die Annahme der Trinität überhaupt dem Saadja mit der Einheit Gottes durchaus nicht verträglich erscheint, wenn er schon von dieser glaubt, dass sie durch Spaltung des göttlichen Wesens dieses in das Gebiet des Endlichen herabziehe, so musste die Lehre vom Sohne vollends als Verleiblichung Gottes ihm vorkommen, und er glaubt darum, in seiner Wiederholung der Trinität auf die Lehre vom Sohne noch besonders eingehen zu müssen. Er sagt (B. II. 6; S. 56): „Diese Männer [die Anhänger der Trinität] zerfallen in vier Parteien, von denen drei älter sind, die vierte aber jüngeren Ursprungs ist. Die erste nimmt an, dass Leib und Seele des Messias in ihm vom Schöpfer her sind, die zweite, dass sein Leib geschaffen, sein Geist aber vom Schöpfer her ist, die dritte, dass sein Leib und sein Geist geschaffen sind und ein anderer Geist vom Schöpfer her in ihm ist. Die vierte endlich lehrt, dass er bloss den Propheten gleich ist, und verstehen unter dem Namen Sohn, unter dem er bei ihnen bekannt ist, was wir unter dem Ausdruck verstehen: Israel ist

---

89) Saadja kennt also die Lehre, die nicht von Gott selbst die Welt geschaffen sein lässt, sondern einen Bildner derselben annimmt, dessen Gott sich als seines Werkzeugs bedient haben soll. Dieser Bildner ist bereits bei Philo der λόγος, der an verschiedenen Stellen von ihm als ὄργανον bezeichnet wird, so Leg. all. II, 79 ᾧ καθάπερ ὀργάνῳ προσχρησάμενος ἐκοσμοποίει. Vgl. Zeller a. a. O. III². 2, 324 Anm. 1, Strauss a. a. O. I. 416 Anm. 11 und Heinze, Lehre vom Logos 216—217. Diese Lehre kehrt bei den Kirchenvätern wieder, bei denen der λόγος als Schöpferwort die Welt bildet, vgl. Strauss I. 428 Anm. 12.

90) Vgl. Strauss I. 409. Aus der Pluralform des göttlichen Namens, die an dieser Stelle auch das Verbum im Plural hat, wurde „eine Mehrheit überhaupt, eine Unterscheidung innerhalb des göttlichen Wesens" abgeleitet.

mein erstgeborener Sohn (Ex. 4, 22), dass nemlich nur eine Auszeichnung und Verherrlichung damit beabsichtigt ist, wie unsere Nichtglaubensgenossen Abraham den Freund[91]) Gottes nennen. Diese letzte Partei trifft das, was ich hier wider sie einwenden, wie auch das, was ich im dritten Abschnitt von der Aufhebung[92]) der Glaubenslehren und endlich alles das, was ich im achten[93]) Abschnitt über das Erscheinen des Messias wider sie vorbringen werde. Die erste Partei aber, die da behauptet, ein Theil von Gott sei Körper und Geist geworden, trifft neben diesen beiden[94]) Einwänden alles das, wovon die getroffen werden, die das Vorhandensein geschaffener Dinge in Gott behaupten. Die dritte Partei, die Körper und Geist an ihm geschaffen sein lässt, muss annehmen, dass der geschaffene Körper durch die Verbindung mit dem Göttlichen selbst ein Göttliches werde, wie sie dies denn auch mit der Niederlassung der göttlichen Majestät auf dem Sinai, dem Dornbusch und dem Stiftszelte ver-

---

91) Nach der Stelle im Koran 4, 124 وَٱتَّخَذَ ٱللَّهُ إِبْرَٰهِيمَ خَلِيلًا „Gott nahm sich den Abraham zum Freund" heisst Abraham bei den Arabern schlechtweg الخليل „der Freund". Auch al-Îǵi (Mewâkif S. 20) führt diese Ansicht in seiner Zusammenstellung der christlichen Lehren über Christus mit den Worten an

وسماه ابنا تشريفا واكراما كما سمى ابرهيم خليلا

92) בשׂער בטול התורה שנקרא בערבי אל־נסך. Vgl. III. 8; S. 84 ff. am Schlusse, wo Saadja auch die Möglichkeit des „neuen Bundes" bestreitet. In diesem Theil des dritten Abschnitts, auf den hier Saadja verweist, widerlegt er all die Beweise, die für die Möglichkeit einer Aufhebung des alten Bundes aufgestellt wurden. Diesen Theil nennt er النسخ, eigentlich die Abrogation, d. h. der von der Abrogirbarkeit des Gesetzes handelnde Theil. Vgl. Fleischer in Naumanns Handschriften-Katalog der Leipziger Rathsbibliothek S. 396. Diese Frage hatte in der Zeit der Gaonen eine besondere Bedeutung. Samuel ibn Chofni schrieb ein Buch über den gleichen Gegenstand, wenn aus dem Titel نسخ الشرع „Aufhebung des Gesetzes" etwas geschlossen werden kann. Vgl. Steinschneider im Chaluz II. S. 62.

93) Vgl. den Schluss des VIII. Abschnitts, wo die Auffassung vom Messias, welche die Christen in die Bibel hineintragen, widerlegt wird.

94) Die beiden Einwände sind die an den bezeichneten zwei Stellen geäusserten.

gleichen, weshalb sie aber auch folgerecht glauben müssten, Zelt, Dornbusch und Berg seien Götter, was ihre Verkehrtheit noch steigern würde. Obendrein trifft sie aber auch, was ich über die Aufhebbarkeit der Gesetzesvorschriften und über das Erscheinen des Messias vorzubringen habe. Die mittlere Partei [der drei ersten, also die zweite] trifft dasselbe, von dem zugleich auch diese zwei Parteien getroffen werden. Es trifft sie, was die erste trifft, weil sie doch auch den höheren, göttlichen Geist [in Christus] annimmt, zugleich aber auch das, was die letzte [der drei ersten] trifft, weil sie doch den Körper geschaffen sein lässt, und obendrein entgeht sie auch dem nicht, was sich in dem Abschnitt über die Aufhebbarkeit der Gesetzesvorschriften und über das Erscheinen des Messias dagegen findet."

Wie es scheint, will hier Saadja nicht eine Aufzählung christlicher Sekten geben, sondern nur die wichtigeren Lehren über die Natur des Sohnes, die von Einzelnen aufgestellt eine gewisse Verbreitung gefunden hatten, anführen und widerlegen. Die erste, wohl ihrer allgemeinen Verbreitung wegen an die Spitze gestellte Lehre, die im Sohne nach seiner leiblichen wie geistigen Seite hin die Offenbarung Gottes betrachtet, braucht ihrer Allgemeinheit wegen aus der Dogmengeschichte nicht erst näher nachgewiesen zu werden[95]). Die zweite, die nur den Leib geschaffen sein lässt, den Geist aber als von Gott herstammend annimmt, scheint die Ansicht des Apollinaris zu sein, die mit dem geschaffenen Körper des Messias den göttlichen Logos in der Weise sich verbinden lässt, dass er die Stelle der menschlichen Seele vertritt[96]),

---

95) Für Saadja folgt aus dieser Annahme, dass das Geschaffene dann zum Wesen Gottes gehören müsste. In der That lehrte z. B. Apollinaris nach der Darstellung Baurs a. a. O. I. S. 598, dass es zum ewigen Wesen Gottes gehöre, Fleisch zu sein. Vgl. daselbst Anm. 22 Ausdrücke wie πνεῦμα σαρκωθέν.

96) Diese Darstellung des Apollinarismus, von der Baur a. a. O. 603—618 erheblich abweicht, ist die gewöhnliche. Vgl. Strauss a. a. O. II. 104—105.

wodurch die Einheit der Persönlichkeit in Christus mehr gewahrt und leichter vorstellbar gemacht werden sollte. Diese Ansicht treffen nun nach Ansicht des Saadja zwei Einwände. Einmal lässt auch sie gleich der ersten den Geist Gottes in einem Menschen hervortreten und muss sie ferner einen Körper an der Göttlichkeit Theil haben lassen, ein Einwurf, der auch die dritte Lehre trifft. Diese betrachtet Christus als geschaffenen Menschen, der neben seinem menschlichen einen göttlichen Geist „vom Schöpfer her" erhalten haben soll. Wir erkennen in dieser Lehre die Ansicht des Theodorus von Mopsvestia, die auch von Nestorius aufgestellt in der Kirche zu grosser Bedeutung gelangte, nach welcher der göttliche Logos einem vollkommenen Menschen sich verbunden habe [97]). Da ja aber auch diese Lehre die Einheit des Göttlichen und Menschlichen in Christus nicht für aufgehoben erklärte, so musste es dem Saadja so erscheinen, als würde dadurch der Körper zu einem Göttlichen gemacht. Die vierte Ansicht endlich, die in Christus einen Propheten, in seinem Namen: Sohn Gottes nur eine besondere Auszeichnung erblickt, ist in der Kirche zu wiederholten Malen aufgetreten. Schon die Ebioniten und Monarchianer haben in Christus nur einen Menschen gesehen, dem vor den Propheten „nur ein gra-

---

Hagenbach a. a. O. S. 223. Dass diese Vereinigung des Göttlichen mit dem Menschlichen in Christus in äusserlicher Weise von einigen Kirchenlehrern gedacht wurde, zeigt Strauss a. a. O. II. 101 Anm. 6.

[97]) Ueber die Verwandtschaft der Lehren des Theodorus und Nestorius vgl. Baur I. 728 u. 734, Strauss II. 108. Eine Darstellung dieses Theils der nestorianischen Lehre finden wir bei Schahrastâni H. L. 266: „Sie meinen, dass der Sohn fortdauernd vom Vater erzeugt werde, aber nur Fleisch geworden sei und mit dem Körper des Messias sich vereinigt habe, als er geboren wurde, und dass das Entstehen sich nur auf den Körper und die Menschheit beziehe; dass er Gott und Mensch in Einem sei und Beide Wesen, Personen, Naturen seien, ein ewiges Wesen und ein entstandenes Wesen, vollständiger Gott und vollständiger Mensch und dass die Vereinigung das Ewigsein des Ewigen und das Entstehen des Entstandenen nicht aufhebe, sondern beide zu einem Messias, zu einem Willen geworden seien." Man kann diese Darstellung im Ganzen nur richtig finden, vgl. Baur, besonders S. 734—735. In dieser behaupteten Einheit des Göttlichen und Körperlichen erblickt eben Saadja den geeigneten Angriffspunkt dieser Lehre.

dueller, kein specifischer Vorzug eingeräumt werden konnte" (Strauss a. a. O. II. 100). Wenn später Nestorius näher angeben sollte, in welcher Weise er eine Vereinigung des göttlichen Logos mit dem Menschen Christus sich vorstelle, musste er erklären, in derselben Weise verbinde er sich mit ihm, wie mit den Propheten, nur sei die Verbindung mit ihm eine innigere (Baur a. a. O. I. 737). Doch ist Nestorius, ebenso wie Theodorus von Mopsvestia (ib. 707) weit entfernt, hiermit mehr als ein Bild angeben zu wollen, nur die Art der Verbindung, die der Logos mit dem Menschen Christus eingeht, wollte er verdeutlichen, doch ist ihm darum Christus durchaus nicht blosser Prophet. Wenn wir aber bei Saadja gerade die Ansicht über die Natur des Sohnes, die zu den ältesten der in der Kirche aufgetretenen zählt, als die jüngste bezeichnet finden, so können wir daraus schliessen, dass diese in der Kirche nicht seltene Ansicht kurz vor oder in der Zeit des Saadja aufs Neue Anhänger gefunden hat, wenn wir auch die Thatsache nicht quellenmässig weiter beweisen können [98]). „Dies", so schliesst Saadja seine Widerlegung, „habe ich hier kurz erwähnen müssen, um die Einwände klarzulegen, die sich wider die erheben lassen, die an zwei, drei oder gar mehr Götter glauben. Er ist in Wahrheit ein schlechthin Einer."

Saadja ist somit am Gipfel seiner theologischen Speculation angelangt. Er hat den Gottesbegriff bereits als einen von aller körperlichen Bestimmbarkeit freien nachgewiesen, seine Einheit von allem Scheine der Mehrheit und Vielfachheit dermassen befreit, dass alle Versuche, Gott in zwei oder drei Theile zu zerlegen, als unmöglich

---

[98]) Dass Saadja mit dieser vierten Partei etwa die Adoptianer sollte gemeint haben, ist aus äusseren wie inneren Gründen unwahrscheinlich. Vgl. über den Adoptianismus Baur II. 129—159. Schlesingers Angaben über die von Saadja gekennzeichneten Sekten (Einleitung zum Ikkarim S. 26) sind ohne Begründung hingestellte Behauptungen, auf die hier darum nicht näher eingegangen werden kann.

erscheinen mussten, er hat mit Einem Worte Gott als das Subtilste alles Subtilen hingestellt. Und hier am Gipfel drängt sich ihm noch einmal die Frage auf, wie dieser über alle körperliche Fasslichkeit erhabene Begriff zugleich als der Inbegriff aller Macht solle gedacht werden können, „wie das Subtilste von allem begrifflich Subtilen das Stärkste alles Starken sein solle"[99]). Die Frage kann empirisch entschieden werden. Die Seele, die den Körper leitet, ist subtiler als er, die Vernunft, von der die Seele sich leiten lässt, subtiler als sie. „Unter den vier Elementen ist Wasser zwar weniger dicht als Erde und dennoch stärker, da es sie manchmal fortspült und sich in sie einsenkt, Luft noch dünner und dennoch stärker, da sie sogar das Wasser treibt und emporwirft, Feuer aber das dünnste und stärkste von allen, da es ja Alles umkreist und durch seine beständige Bewegung [100]) die Erde mit Allem, was auf ihr ist, im Mittelpunkte ruht. Für die oberste Sphäre [101]), für deren Bewegung wir keine Ursache ermitteln können, ist der Befehl des Schöpfers die bewegende Ursache, der so zwar das Subtilste, aber zugleich auch das Mächtigste von Allem ist. So ist es klar, dass das begrifflich Subtilere stärker ist, dass das seinem Wesen nach Feinere stärker ist als das Gröbere."

---

99) Man wird es um so begreiflicher finden, dass Saadja im Beginne seiner Speculation scheinbar mit überflüssiger Gründlichkeit auf den Nachweis einging, das begrifflich Höhere müsse körperlich dünner, d. h. weniger körperlich sein, wenn er hier auf ihrer Höhe noch mit dem, man möchte sagen, massiven Einwurfe zu kämpfen hat, wie das Subtile, Dünne das Stärkste sein könne.

100) Vgl. über diese aristotelische Anschauung Zeller a. a. O. II². 2, 342 u. 356.

101) Vgl. die Anführung dieser Stelle nach der Uebersetzung Berachja's bei Mose Taku in Ozar Nechmad III. S. 68 und Kirchheim's Angaben S. 56.

Ich, David Kaufmann, geboren zu Kojetein in Mähren den 7. Juni 1852, bin der Sohn des Leopold Kaufmann, Grundbesitzers daselbst und der Frau Rosa, geborene David. In der Gemeindeschule meiner Vaterstadt vorgebildet, wurde ich im September 1861 im Gymnasium der Nachbarstadt Kremsier als Privatschüler eingeschrieben, woselbst ich nach halbjährlich abgelegten Prüfungen die fünf ersten Klassen des Gymnasiums absolvirte. Zu gleicher Zeit wurde ich von dem Rabbiner meiner Vaterstadt, Herrn Jacob Brühl, für das theologische Studium vorgebildet. Am 1. Mai 1867 wurde ich in das jüdische-theologische Seminar zu Breslau aufgenommen und Ostern 1870 mit dem Zeugniss der Reife aus den klassischen Abtheilungen der Anstalt entlassen, nachdem ich zuvor auch am k. k. Gymnasium zu Teschen, einem Gesetze meines Vaterlandes entsprechend, die Maturitätsprüfung abgelegt hatte. Ostern 1870 kam ich auf die Universität zu Breslau. Meine Studien waren orientalische, philosophische und naturwissenschaftliche. Ich besuchte die Collegien der Professoren: Schmölders, Magnus, Grätz, Oginsky, Dilthey, Marbach. Zugleich widmete ich mich am jüdisch-theologischen Seminar unter der Leitung von Frankel, Grätz, Zuckermann, Rosin und Freudenthal den rabbinisch-theologischen Fachstudien. Im Sommer 1874 bezog ich die Universität Leipzig, an der ich die Collegien der Professoren Krehl, Delitzsch und Loth besuchte.

Ihnen allen, meinen hochverehrten Lehrern und Förderern, sage ich meinen innigsten Dank.